楽しむために生まれてきた

カギは「もともと完璧、いま最高！」

波動リーディングオペレーター＆
カウンセラー
井上　悟
Satoru Inoue

目次

第5章 そう思うとそうなる……110

第6章 発信と受信……130

楽しむために生まれてきた

カギは「もともと完璧、いま最高！」

コラム

生きる

人は生まれたからには、いつか死を迎えます。細胞の寿命から見ると最長120年の期間限定で、わたしたちは生まれてきています。同じ生きるなら、ずっと健康体で楽しく生きたいですよね。

あなたは「人生、これで良かった」と思いながら、この人生を終えたいと思いませんか？

パンデミックや自然災害が多発しています。いつどこで死が襲ってくるかわからない時代です。

どうして人は死んでいくのでしょう？

生きるって何なのでしょう？

一人ひとりがもっと真剣に「生きるとは何だ」ということを考える時が来ていると思います。

わたしたち人間はみな、誕生前に人生のシナリオを描いて、それを実現させようと決めて生まれてきています。このシナリオの通りに生きるには、どうすればいいのでしょう？

自分らしく生きる方法は、ほんとうは自分にしかわかりません。人に教えてもらうものではありません。

いま、わたしが明言できるのは、「人は楽しむためにしか生まれてきていない」ということです。日々を楽しんでない人は、ほとんどが「病気」と言っても過言ではありません。

わたしたち人間は本来、大いなる一つの光から生まれた存在です。わたしたちの本質は、光そのものです。その光が、両親から借り受けた肉体と融合し、三次元の世界でそれぞれの個性を体験しようと生まれてきました。

わたしたちは、光り輝きつづけるために存在しています。生きるとは、この命をイキイキと輝かせることです。わたしと一緒に、その光を見つけていきましょう。光の声を聞いていきましょう。

「ああ、そうか！これか！」

この発見こそが、あなたの目覚めです。

プロローグ

楽しむために生まれてきた

あなたはどんな人生を送りたいですか？
いま、しあわせですか？
いまの自分を変えたいと思ったことはありますか？

1 あなたは楽しむために生まれてきました

わたしは、この23年間に7万人以上の方々の波動リーディングをしてきました。その経験を通じて、いま、たしかに言えるのは「人は人生を楽しむために生まれてきた」ということです。いつもイキイキ、ワクワクしている人は病気にはなりません。

波動リーディングとは、この地球上の三次元に生きるわたしたちの心身の状態を、宇宙の五次元の世界から波動として読みとる（リーディング）システムです。その中でわたしは、心身のエゴや我欲が愛へと進化していく過程での障害（わだかまり）を見つけ出す手法を確立してきました。

人はどう生きたら、毎日が楽しくて病気もせず、生涯、健康で安心してすごせるのか？　この人間研究が、わたしのライフワークです。

2 あなたは光り輝く完璧な存在です

いま、多くの人が本来の魂の目的を思い出すという目覚めの連鎖がつづいています。わたしたちのほんとうの姿とは、自分の奥深くでピッカピカに輝く純粋な魂です。魂は永遠不滅で完璧な存在です。わたしたち人間は、「したいことがある」からこの地球にやって来て、「生まれたい」から生まれてきました。思い描いた通りのシナリオを実現させる知識や技能や知恵をもち、何でも自由につくり出せる完全で無限の能力を備えてきています。しかもこの能力は、だれかにあって、だれかにはないというものではなく、すべての人に平等に備わっています。

しかし、ほとんどの人がその能力を使っていません。この能力に気づいて目覚めることこそが、わたしたちの人生にとって、とてもたいせつです。ところが、多くの人は「自分は完璧でないという夢」を見てしまっています。「いまの自分ではダメだ」という幻想を抱き、わたしたちはがんばりつづけています。

そして、病気で苦しんでいる人々もたくさんいます。波動の世界では、病気とは「気の流れ」の停滞です。人体をふくむあらゆる物質は、天から地へ、地から天へという気の流れをもち、気の流れに包まれています。病気の種類は多様ですが、病気はその人のこれまでの歩みをそのまま表しています。

人間関係などの環境や、苦しみや悩みや不幸な感情、そして何となく満足のいかない現実も、気の流れです。その人の考え方や生き方、価値観が、本来の姿と「どこか違っていますよ」という宇宙からのメッセージでもあります。

3　わたし自身の「魂の発見」

1 魂と共鳴する器械と衝撃の出会い

わたしはもともとエンジニアでした。波動という世界には縁もゆかりもありませんでした。そんなわたしが、何の苦もなく波動の世界に引きこまれ、波動リーディングをするようになった一つのきっかけは、二十数年前のある日、たまたま入った書店で起こりました。本棚に並んだ無数の本の中で、とても気になる背表紙がありました。目が釘づけになり、思わずその一冊を手にとりました。

本文を開くと、ある器械の写真が見えました。その直後のことです。その写真から突然、光が飛び出し、わたしを襲ったのです。一瞬真っ白になり、しばらく身動きができなくなりました。その瞬間、「この器械はわたしのものだ」という不思議な感覚に包まれました。

手にとった本は、江本勝氏の著書『波動時代の序幕』（一九九二年十一月発行）でした。その器械は「波動測定器 MRA《エムアールエー》」という名前で、当時、江本氏がアメリカから導入して、日本に初めて紹介したものでした。

わたしはその後、紆余曲折《うよきょくせつ》を経てこの測定器を入手し、いまでも使いつづけています。当時を振りかえってみると、それこそがわたしの魂と器械が共鳴した瞬間だったのです。

この波動測定器には、五次元の魂の世界から、三次元のこの世のものごとの波動を測定できる原理が組みこまれています。人の肉体と魂の関係性をとらえることもできます。しかしながら、この器械は、操作するオペレーターによって測定結果が異なることもわかっています。江本氏もセミナーで、「波動測定器は、楽器と同じで奏でる人によって、いくらでも深く読みとれる器械だ」と繰りかえし言われていました。

エンジニアだったわたしは、そこにすごく興味をもちました。操作方法や原理、仕組みもさることながら、「波動測定器をどのように奏でるか」ということに、魅せられていきました。「世界一の奏者になろう」と、こころにかたく決めたのでした。

2 車のハンドルと人間のフィーリングの関係を追いかけたエンジニアの時代

わたしは幼いころから機械いじりが好きでした。家にある時計やラジオ、テレビなどを分解しては、また組み立てるのが大好きで、寝食を忘れるほど没頭することもありました。大学では機械工学を専攻し、機械の原理や仕組みをより深く理論的につかんでみたいと、意欲を燃やしていました。就職した会社では、熱望して自動車の開発・実験を担当する部門に配属されました。そこではパワーステアリングという運転者のハンドル操作を補助する装置の開発を担当しました。

入社したのは、パワーステアリング装置がちょうど、日本の小型乗用車にも装着する構想が出始めたころでした。ブームはほどなく、一気に押し寄せ、新車発表には、そのハンドルの軽さやコーナリングの良さ（カーブでの曲がりやすさ）に注目が集まりました。わたしの仕事は、徹夜や休日出勤があたりまえになっていきました。技術開発競争は世界的にはげしくなり、新案特許の申請も一刻を争う状況になりました。

パワーステアリング装置の根幹は、油圧バルブの開発です。孔《あな》の０・０１ミリの大小で勝負が決まることもありました。

新車発表の前には、テスト走行するたびにパワーステアリング装置の脱着を繰りかえし、フィーリングや音の静粛性をより良いものに仕上げることに専念しました。自動車にとってハンドルの軽さはもちろんですが、フィーリングやコーナリングの良さは、さらに大事なテーマでした。車種ごとにパワーステアリングの装置は異なります。同じ車種でも車格によって乗る人の層が異なります。それにあわせてフィーリングを微調整することがあたりまえになり、その要求に応えようと、数々の新車種が発表されました。開発の仕事量は日増しに多くなっていきました。

人間のフィーリングは、目に見えません。言葉にも表現しにくい微妙なものです。人によって異なりますし、同じ人でも体調や環境によって変わります。自動車のエンジニアとして打ちこんだこのころの経験は、その後、波動測定器を操作する技法を極めていく過程で、人と器械の関係を追求していく上で、大いに役立つことになりました。

やがてパワーステアリング装置は、ヨーロッパの小型車にも波及しました。わたしはフランスに赴任し、欧州車の開発プロジェクトに加わることになりました。

3 国の環境が人間性をつくると知ったフランス赴任時代

波動を通して人に興味をもち始めていたわたしにとって、南フランスを拠点にヨーロッパ各国の人たちと仕事をした3年間は、刺激的な日々でした。日を追うごとに、車の開発よりも人間そのものに興味が引かれるようになっていきました。

生まれ育つ環境によって、こんなにも人の考え方や生き方が異なるのだと、思い知らされることも多々ありました。フランスでは、人生や家族、仕事についての考え方、学校教育のあり方から車に対する向きあい方まで、時には日本と正反対と思えるほど大きく異なることに、驚きの連続でした。

4人の子どもたちが通った現地の学校では、自分を表現して主張する力を育てることに重点が置かれ、創造性がたいせつにされていました。いわゆる「フランス人気質《きしつ》」といわれる、国の環境が人間性をつくるのだということも確信することができました。どちらが良い・悪いではありません。人間の性格の多くは、遺伝よりも生まれたあとの環境で決まるのだと、はっきり感じとれました。

わたしはフランスに渡る前に日本で、江本氏の著書を読みながら、直観的に感じとっていたことがありました。それは次の三つのメッセージです。

性格は変えられる
性格が変わると病に至らない
その答えは水が知っている

わたしは日本でこのメッセージを受けとり、一日も早く波動リーディングを仕事にしたい気持ちでいっぱいでした。しかし独立起業は、すでに決まっていた3年間のフランス赴任を終えたあとの流れに任そうと考えていました。フランスでの刺激的な日々は、わたしの人生の大きな転機となりました。思いや興味が自動車の開発から人間へと移っていきました。人が自分の性格に気づき、ほんとうの自分に出会うという人間の開発、「人の意識変革」へと、わたしは自分の人生のハンドルを大きく切っていきました。

4 最高に楽しい世界を満喫しているヘルスアート時代

わたしは、フランス赴任期間の3年を終える段階で退社を決断しました。51歳の時でした。大学を卒業してサラリーマンのエンジニアとして自動車の設計・開発の仕事などに30年近く携わったあとの、独立でした。帰国して間もなく、ヘルスアートを起業して、波動の世界に飛びこみました。「ヘルスアート」の社名には、「健康とは芸術である。より美しく、より楽しく人生をはばたく」という祈りをこめました。

創業してすぐに、わたし自身にも大きな変化が訪れました。自分を信じる力が日ごとに大きく加速していくと同時に、大嫌いだった内気な自分の性格が変わり、いつも風邪気味で皮膚が弱かった身体も大きく変化していきました。創業から23年を経た75歳のいま、最高に元気な自分が、ここにいます。

もう一つ、ヘルスアートを創業して十数年が経ったころ、わたしに大きな出来事がありました。いつものように仕事部屋で波動リーディングに没頭していた時、わたしの奥深くでピカピカッと光り輝くものに突然、出会ったのです。一瞬目がクラッとしました。その光が「魂」だと気づくのにあまり時間を要しませんでした。わたしがこの世界に入るきっかけになった江本氏の著書から飛び出してきた、あの光と感覚的に同じものでした。

その光、すなわち魂はとてつもなく大きな光り輝く存在であり、そこに入ると別世界でした。何もかもがわかる世界であり、いくらでも深くに入っていくことができる世界です。次の日からは、いつでも普通にそこに入ることができました。魂の中から人を見ると、だれもみな、同じ光の存在であることがわかったのです。「もともとの自分はこれなのか？」と、体験したことのない世界に感動し、直観的に「これかも！」と感じました。最高の瞬間に、ブルブルと身体が震えました。

それから間もなく不思議な現象が起こりました。人の良いところしか見えなくなったのです。

「肉体が自分だ」と思いこんでいる人が多いのですが、じつはこの魂こそが自分なのです。人はみな等しく光の存在であり、「もともと完璧」な状態で地球に生まれてきていることもわかりました。魂は世界中の人々とつながっていて、一つであること。大いなる光の存在であり、すべてが自分だというような感覚を確信したのです。だれもが、本質は光の存在であり、宇宙そのものなのです。それは何もすごいことではなく、ごくあたりまえの自分でした。魂にたどり着いたとたん、波動リーディング中に他の人の魂にも簡単に入れるようにもなりました。

わたしたち人間の本質は、光そのものです。あなたとともに、その光を見つけていくのがわたしの役目だと感じています。光は、すなわちあなたからあふれる愛です。魂は光であり愛……この発見こそが目覚めです。

光への道は人それぞれです。それが個性です。わたしたちはその個性を体験したくて生まれてきました。大いなる光から生まれた一つです。わたしたちはいま、輝くために存在しています。命をイキイキと輝かせることです。この本を手にしてくださったあなたが、自分の中の光に気づき、あふれる愛を思い出して、イキイキ、ワクワクと、魂が歓喜する人生を送ってくださるお手伝いになることを願っています。

4　宇宙的に見てもラッキーな時代に生きているわたしたち

宇宙は約１３８億年前に誕生したといわれています。わたしたち地球人は、とりわけ日本人は、この壮大な宇宙史において、すごくラッキーな時代に生きているということを、ご存じでしょうか。一つずつ、ご説明しましょう。

1 令和のエネルギーが進化の引き金になる

令和元年が二〇一九年五月一日に始まりました。この日から日本の磁場（磁界）の磁気量が一気に上昇したのを感じられた方も多いのではないかと思います。その日以来ずっと、いまだにこのエネルギーの高さは維持されています。わたしは、クライアントの中で特に感性、意識の高い人を選んで、令和のエネルギーがどう反映されるのか、平成から令和に移行する時刻を待ちかまえてチェックさせていただきました。その結果、八〇％以上の方に劇的な意識の変化が訪れ、上昇と進化が見られました。すごいことが起こっているのです。

世界各国からも日本に期待が集まっていました。「令和の新天皇のご即位によって、地球が宇宙への扉を開く」と、ネットニュースや一部の有識者からも伝えられていました。何か大きな力が働いているとしか思えないことが起こっています。これは、日本から発信された宇宙時代の幕開けです。コロナ禍で1年延期されながらも開催されたオリンピックの成功も、世界から大いに評価され、日本からの発信に大きく貢献しました。

何とかしようとしなくても、人々がこのあたらしい時代にふさわしい意識レベルへと上昇し、進化しているのです。すばらしい時代の始まりです。一人ひとりが自分の心身を解放して意識を高め、自由な生き方を楽しみ、自分の中にイキイキ、ワクワクの感覚をとり戻していくことが、地球の進化(次元の上昇)にもつながります。

2 個人の自立と進化をうながす星座のサポート

もう少しさかのぼってみましょう。二〇一七年から占星術の世界では「水瓶座の時代」に入りました。それまでの「魚座の時代」から人間観が大きく変化しているといわれています。占星学は、見えない世界のエネルギーを扱っているわたしにとって、地球に吹いている風を確認するのにとても役立っています。この風に乗っている人は意識の進化が著しいこともわかってきています。

星座がもっている特有のエネルギーを地球が受けることによって、人々の生き方にも大きな影響を与えています。地球の自転軸が23・5度傾いていることによる作用で、2160年ごとに次の星座の時代へと移っていきます。これは地球の自転軸の傾きで起こる「すりこぎ運動」であり、「歳差《さいさ》運動」と呼ばれています。

水瓶座の時代への変化は、人々のこころのあり方や生き方に大きな転換をもたらします。いままでの魚座の特徴である組織化や支配の時代から、水瓶座の特徴である個人を尊重する自立・自営の時代へと、大きく変ってきています。水瓶座は、風の性質をもっており、スピード感が助長される時代でもあります。小さな出来事や小さな声が「これはすごい！」となると一気に世界中に広がり、影響を与えることになります。また、公平性が強く打ち出される時代となり、一人ひとりの力が存分に発揮できる時代へと変化していきます。それだけに個々の人の能力が問われる時代でもあり、自分をしっかりと表現することがたいせつな時代です。

3 風の時代の幕開け

さらに星座の動きとして、二〇二〇年には、「地の時代」から「風の時代」へと移行したことが、さらに大きな影響をわたしたちに与えています。木星と土星は、20年に一度、同じ星座の同じ角度にピタリと重なりあいます。その現象は、いままでの２００年間は「地の星座」といわれている牡牛座、乙女座、山羊座の位置で起こっていました。二〇二〇年からは「風の星座」といわれる双子座、天秤座、水瓶座で起こりつづけます。

それぞれの星座には性質があり、地球上の人間に大きな影響を与えています。いままでの地の時代は、組織の時代であり、結果優先の世界であり、目の前の現象を何とかしようとして、ものやお金があるとしあわせになると思いつづけてきた時代でした。人の内側を見つめるというこころの世界が放置されがちでした。

「風の時代」は、一人ひとりの個性や能力が優先され、発揮できる時代です。組織の中でも個人の能力が発揮できるように、自然に改善されていきます。

令和のエネルギーと星座のエネルギー。このダブルのエネルギーは、わたしたちを劇的に変えようとしています。あなたは、何とも不思議で幸運な時代に居あわせています。宇宙を意識せざるを得ない時代です。そして宇宙を意識することによって、さらにそのエネルギーをキャッチすることができるようになるでしょう。

会社など組織の力がものをいい、お金やものを追いかけ、良い結果を出すことがすべての時代から一転して、個人個人の意識のあり方、能力に重点が置かれ、個人の能力が自由に発揮できる時代へと、もうすでに大きく変化しています。いままで組織の中にうもれて、能力を発揮できなかった人、自由をうばわれ鬱《うつ》気味になり、絶望感を抱いてきた人たちが、ようやく日の目を見る時代へと変わりました。この大きな転換点に差しかかったいま、あなた自身がどう生きるかが、すごく重要になっています。

4 新型コロナウイルスもあなたの自立の応援団

新型コロナウイルスの感染が、地球を包みこむようにして世界中に広がりました。ウイルスは、30億年前には地球上に出現していたと推測されています。人類が出現したのはわずか20万年前のことです。人類よりもはるかに長い歴史をもつウイルスの、生命体としての役割は何なのでしょうか。

波動リーディングから見ると、地球上の人類をふくむすべての生物は共存共栄で成りたっています。ウイルスも微生物の一種です。微生物の世界は、じつは人類よりも進化しているのです。今回の新型コロナウイルスは、いまだに支配や競争、紛争の絶えない人類の状況において、それを終わらせるための風を世界中の人間に向けて吹き荒れさせました。人類の意識改革の時です。ウイルスは、個々の人や国の自立のエネルギーを呼びおこし、人類の意識の進化によって、平和な世界へと導いていこうとしています。会社組織や学校制度の改革が、さらに進んでいきます。オンライン授業やテレワークが大きく進展して、わたしたちの生き方に大きな変革が起きていきます。

新型コロナウイルスはまさに、令和のエネルギーや水瓶座のエネルギーを増幅させ、個人の自立と進化を加速する役割を演じています。上下関係や学力の上下など、比較と評価がまん延する社会での権威欲、恐怖心、うらみや執着の気持ちを秘めている人は、これからもウイルス感染には要注意です。毎日がイキイキ、ワクワクしながら、人生の楽しさを極めようとしていれば、感染のリスクは確実に減っていきます。

わたしが本書に書いた内容は、波動リーディングによって宇宙とつながり、宇宙から受けとった「宇宙の真理」です。わたしが波動リーディングで宇宙から受けとった情報の全体像を、あなたにお伝えいたします。あなたという人間の原点を、この世の誕生前にまでさかのぼり、どんどん深く見ていきましょう。あなたが本来の自分を思い出し、自分の人生を描いていくサポートになることを願っています。

本文はすべて、Q&A の対話形式の読み切り型にしてあります。どのページからでも、気になる質問から読んでいくことができます。

みなさんがご自身と向きあう時、ご家族と対話する時、お仕事でのやりとりなど、日常生活のあらゆる場面で、本書の内容はきっとお役に立てることがあるはずです。

令和のエネルギーと星座のエネルギーのダブルのエネルギーと、新型コロナウイルスが、わたしたちを劇的に変えようとしています。この原稿を書いている二〇二二年は、一九九二年に江本勝氏が著書『波動時代への序幕』によって日本に「波動」という言葉を展開されてから、ちょうど30年になります。この間「波動リーディング」は、進化をつづけてきました。

あなたの魂の本来の望みは、自分軸です。自分軸にまったく気づかないまま、生涯を他人軸で生きてしまう人が大半です。多くの人たちは、愛を感じることができず、本来もって生まれた魂の知識や技能や知恵を発揮することもできず、不足感を抱いたまま年老いていきます。あまりにもったいないことです。この本は、そんな世界の人類に贈るために出版いたします。

あなたは本書を読まれることで「生まれた時には、もともと完璧で光り輝いていた存在だ」ということを思い出してください。あなたが「いま最高！」と思いながら、健康で楽しく、自分の人生を自分で描くお手伝いできることを、わたしはしあわせに思います。

人は「もともと完璧」で生まれ、足りていないものはありません。完璧であることを思い出すだけでいいのです。

「どの瞬間も、いまのありのままの自分で良いのだ」と。

この本から、あなたの奇跡の物語が幕を開けます。どうぞお楽しみに！

コラム

愛

わたしたちはもともと、愛にあふれて生まれてきました。コップの水があふれるように、いつも愛があふれ出ているのが人間本来の姿です。それなのに、わたしたちは、愛が枯れやすくなっています。

あなたは、赤ちゃんだったころのことをすっかり忘れていませんか？　どうして忘れてしまったのでしょう？　最高に望んで生まれてきたこの地球です。「もともと完璧」で光り輝いていた自分が、この窮屈で不自由な肉体を目指したのはなぜ？　と、問いかけてみてください。

あなたの魂は、この三次元でしか得られない体験によってさらに進化し、より大きな輝きを発揮させたいと強く願っていました。「何かしないといけない」「何かになるため」「何か使命があるから」ではありません。魂は、そんなことを何も考えていません。

ただ、ただ、いまを楽しく、光り輝くためにやってきました。地球上に誕生して、ここで遊ぶためです。地球を遊園地のように、想像していました。「思いっ切り楽しんで、感じたまま、いまのありのままのよろこびを表現しよう。自分しか味わえないよろこびを、そのまま感じよう」と地球にやってきました。そう、魂はいつも歓喜していたいのです。このよろこびの表現こそが「愛」です。

魂は、誕生する前の光の存在の時には、自由気ままに生きていました。好き勝手に生きていた自分が、この三次元の肉体に宿り、肉体を借りて、不自由な環境で自由にならない体験をしてみたかったのです。魂はその体験の中にこそ、大きなよろこびがあると信じています。その体験の中に見出されるよろこびの瞬間を待っています。そのよろこびがまた、次のよろこびを生み出していき、もともとの愛がさらに大きく広がりつづけます。

これこそが魂の進化です。あなたは、そのためにしか生まれてきていないのです。

魂は、どんな障害があろうとも、その体験を楽しみつくすことで、より高い意識のレベルを目指せると感じています。楽しいことをしているからこそ、どんな障害や困難も乗り越えられることを、魂は知っています。困難が大きければ大きいほど、より大きなよろこびがやってきます。そのよろこびを通して、愛をさらに大きくふくらませ、やがては、もと来た光の世界へと還《かえ》っていきます。

借り受けた心身のエゴや我欲に振り回されている自分に気づきましょう。目の前にやってくるどんなことも「ああ、これも体験だ」「このままでいいのだ」と思いましょう。

どんな時も「いま最高！」と感じて、そこに生まれる無限のよろこびを発見していきましょう。愛の気持ちがよみがえり、こころに満ちていきます。

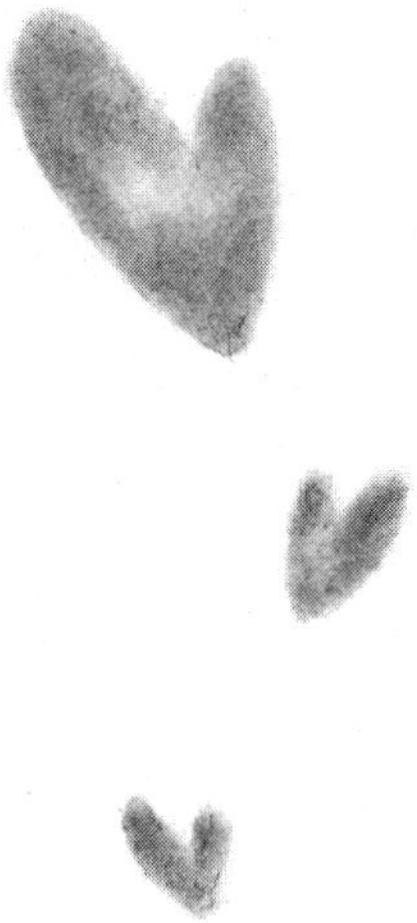

第1章 もともと完璧、いま最高！

あなたの魂は、誕生前に人生のシナリオを描いて生まれてきています。この世で実行するための完璧な知識と技能と知恵を備えて生まれてきています。本を読んだり、先生から学んだりするのは、あたらしい知識を得ようとするためではありません。すでに完璧な状態で生まれてもっていた知識など、忘れていたことがらを呼びおこし、確認するためです。あなたの魂は、「もともと完璧」なのですから、どんな現実も無限に生み出して、つくりつづけていくことができます。

世の中で発見、発明、解明といわれるものごとは、わたしたちの「もともと完璧」な魂が知っていたものごとを、見つけただけのことです。すべては、もともとそうだったことなのです。

第7章に書くように、あなたの魂は、何回も生まれ変わっています。いま、また、ここ地球に生まれてきました。前世までの人生ではシナリオが完成しなかったので、あなたの魂はいったん宇宙へ戻りました。そして今回、またチャンスがめぐってきました。あなたがいま何歳であろうと関係なく、あなたのシナリオを完成させるための、肉体と魂が一体になるようなかつて体験したことのない追い風が吹いています。あなたの魂は前回の死後、宇宙へ戻り、知識と技能と知恵をたくわえて、地球へふたたび戻ってきたのです。

あなたはいま、この瞬間をしあわせと感じていますか？「わたしって、いま最高！」。そう思う感覚を味わったことが、いままでの人生で、何回ありますか？「いま最高！」とは、いまのありのままをOKすることです。

1 「もともと完璧」とはどういうことですか？なぜ完璧といえるのですか？

完璧というのは不足していることがないということです。何でもできて、オールマイティなというイメージではなく、あなたの人生を生きていく上で必要なすべての知識と技能と知恵を備えて生まれてきているということです。足りていないものばかりに目を向けず、足りているものに意識を向けるということです。

太陽系の中の小さな惑星の一つである地球は、自転と公転をつづけています。その動きは「１００年間に１０００分の1秒しか狂わない」といわれています。ほかの惑星も、秩序に沿ってうごいています。日本の誇る小惑星探査機「はやぶさ」が、ミリ単位で小惑星「リュウグウ」に計算通りに着陸できたのも、宇宙の完璧さの証しです。そのような完璧な宇宙から地球へやってきたあなたの魂は、やはり完璧なのです。

完璧な自分に戻ること。それが、あなたが最高に元気になり、豊かになり、しあわせになる方法です。わざわざいま、何かをして悟らないといけないと思う必要はありません。魂は、やりたいことがあるから生まれてきています。それを思い出すだけで、あなたは本来の自分に戻ることができるのです。

それが「目覚める」ということです。「完璧ではない」と思っているのは「完璧ではないという夢」を見ているだけなのです。

2 「もともと完璧」とはどのような自分ですか？

現実は、あなたにとってベストなことしか起こっていません。「いま最高！」と思えるようになると、良い・悪いの判断をしなくなります。「そのままOK」という思いは、「愛と感謝」そのものです。その現実はどんなことが目の前で起ころうが、それはあなたが進化するために、あなたの魂が自分でその世界をつくり出している幻想にすぎません。

わたしたちはみな、もともと完璧な姿で知識と技能と知恵、そしてじゅうぶんなエネルギーをたくわえて生まれてきました。このことを思い出しましょう。あなたがいまの自分に満足する気持ち、「いま最高！」の思いは、あなた自身への最高の愛です。自信をもって発信しつづけていると、自分の身体のすべての細胞が「完璧だ」ということを発信するようになり、自然に思った通りの現実になっていきます。

自分が「もともと完璧」と思えれば完璧の映像が映され、そう思ったことは一〇〇％実現します。「やることは全部やった、完璧だ！」と、自分を信じてみてください。受験勉強なら、「これだけ勉強したのだから、自分が勉強したところしか出ない！」と、信じるのです。

あなたは、誕生前に人生のシナリオを描いてきています。シナリオを演じるための知識や技能や知恵は、すべて完璧に備えて生まれてきています。この世に生まれた時、もうすでにあなたは完璧なのです。勉強したり本を読んだりすることは、すでに蓄えている知識や技能や知恵を思い出すこと、呼びおこすことなのです。

3　がんばってしまうのは、なぜですか？

「いま最高！」ということは、いまを最高に満足していることです。最高と思ってない時は、いま、あなたがそこに何らかの不足を感じているからです。もともとあなたの魂は、完璧です。不足しているものはありません。こころが乱れることの根源は「不足感」「欠乏感」なのです。

あなたの魂は、この人生を楽しむために生まれてきました。いつも人生のシナリオを展開し、この三次元に自分の世界を描こうとしています。ところが、あなたが生まれた時、そこにはすでにあなたの外側の世界がありました。生まれてすぐに、親からの教育が始まります。あなたは「目の前にある社会や目に見える現象に対応していくことがあたりまえであり、また、それがあなたの人生なのだ」と教えられてきました。たとえば学校や会社は、あなたが生まれた時から存在しています。用意されたレールの上を走るように勉強して、がんばるように、導かれてきました。あなたは、外側の世界にあわせて生きてきました。外側の世界にあわそうと思っているから、そのような現実が現れているだけで、あなたの思いが変わると見える世界が変わり、現実も変わるのです。あなたは「もともと完璧」なのに、ただ単に「完璧でない」という夢を見てしまっているだけなのです。

あなたという生命の誕生は、お母さんの子宮の中から始まりました。子宮には、両親から借り受ける肉体（DNA）に染《し》みついているエゴや、我欲のエネルギーがあります。魂は、本来はゼロ＝完璧の存在です。魂が子宮の中に入ってきた時、二極対立つまり、良い・悪いの価値観の中に入ります。その時から、「完璧ではない」という思いが芽生えるのです。

あなたが生まれると、両親の教育が始まりました。「ああしないといけない」「これをしてはダメ」「ちゃんとする子は良い子」と言われつづけました。ずっと「しないといけない」「がんばらないといけない」と感じながらすごすことになります。いつのまにか、他人との比較の中でいまに対する不足感を抱いてしまい、その不足感や欠乏感を補うためにがんばるというような勘違いをしてきました。本来の完璧な自分が見えなくなっているのです。魂が「いま、ここ」にいなくて、うつろな状態のまま未来に飛んでいっている状態です。

この不足感がどこから来ているかを、自分で見つけてみましょう。親の期待によるプレッシャーかもしれません。「がんばりなさい」と言われたとたんに、自分はまだ何か足りないからだと思ってしまいます。「がんばって自分を信じよう」と思っている時は、恐怖から思っていることもあります。

不足感を補おうと、より良くなろうと努力したり、勇気を出して何かに挑んだり、もっと勉強していい成績をとろうとしたりして、いつもストレスがかかっている状態になります。あなたは、不足感を抱いている自分を何とかしたいと、いつも思ってしまうのです。

つまり、自分に対していまの自分にダメ出しをしてしまっているのです。いまの自分でない自分になろうとして否定しているから、いつも緊張しています。あしたになったら、もうちょっといい自分になっているかもしれない。だから「がんばります」。一日の終わりに「さよなら。あしたもがんばろうな」と言って別れる。寝る前に「あしたもがんばろう」と思う・・・じつは、「がんばろう」というのは、「いまはまだ一段下がったところにいる自分」を認めていることになるのです。このからくりに気づかずに、みんな、がんばりつづけているのです。

4 エゴと我欲の違いは何ですか？

いまの現実への不足感から生じる欲望は、エゴや我欲によるものです。エゴとは他人との比較などにより親や先祖から伝承されてきた欲、我欲とはそれを何とかしようとする欲です。わたしたちの欲は、エゴという肉体のＤＮＡのゴミ（先祖から引き継いでいる先天的な欲）と、我欲という誕生後に両親など他人との関係性から後天的に身につけた欲の集まりです。

我欲によるがんばりは、人との比較から自分への評価につながり、自分へのダメ出しという批判や卑下、落ちこみといった感情を生みます。「何とかしないといけない」という義務感やいまに対する不足感、欠乏感につながっています。

この世は陰と陽でできています。不足感（陰）が大きくなれば、反対の満足感（陽）を得ようとする欲求も大きくなります。不足を補おうとすると、かえって不足感が増えていきます。どんどん補わないといけなくなるということになります。人間の欲は、そういう仕組みになっています。

いままで一〇〇万円が夢のようだと思い、がんばって貯めて到達したのに、到達したとたんにこんどは二〇〇万円だと願います。終わることがありません。二〇〇万円を到達した時には二〇〇万円分の不足感が裏側にへばりついてしまいます。生涯、不足感が消えることはありません。いつも満足感を追いかける人生になってしまっています。

スポーツの世界でも勉強の世界でも、いままでにしてきた自分をしっかりと信じきることです。「一つひとつしてきたな」「これだけすればだいじょうぶ」と思うことがたいせつです。この世は自分が信じたものが見えている世界です。

また、あなたの魂本来の力が失われている原因も、エゴや我欲による不足感です。たいせつなのは「わたしには、足りないものはない」と思うことです。不足感を解消すれば、本来の自分、つまり魂を信じる力がどんどん現実になっていきます。魂はもともと完璧なので「もっとこうなりたい」という欲はありません。

つまり「もっとしあわせになりたい」と思ってしまうと、その瞬間にいま「しあわせではない」ということを発信していることになります。「しあわせ」は、いつになってもやってきません。何を見ても「もともと完璧、いま最高!」と思えない自分がいるから、満足のいく現実にならないわけです。

何を見て、どんなことが起こっても「もともと完璧、いま最高!」と思ってみましょう。満足感を抱いている時に「こうなったらいいな」と思ったことは、すべてうまくいき、不足感で「こうならないといけない」と思ったことは、すべてうまくいかなくなります。

魂の本来の願いを実現するためには、不足感をなくすことが大前提です。あなたに不可能なことはありません。あなたの可能性は無限大です。自分を信じる力が強いほど、その思いが現実化する確率が高くなります。その力はみんな平等に与えられています。ゼロの自分になれば不安感や恐怖感を抱かなくなります。自分の思い通りになっていきます。

すべては体験であり、失敗や成功はありません。そう思っていると、毎日が楽になります。「もともと完璧、いま最高！」と思っていると、次に進むための情報が宇宙から勝手に入ってくるものです。

5　がんばるとストレスがたまるのですか？

「がんばる！」と言うのは、こころの奥で、いまの状況にダメ出しをしていることです。安心感がなくて、フワッとしていない状態です。がんばらない自分が本来の自分です。「心配する」「がんばる」では、ストレスがたまるばかりです。ストレスは、人を進化とは逆の退化へと導いてしまいます。「いまがダメだからがんばって良くする」という二極を行ったり来たりとなり、こころが振れるたびにストレスが蓄積していきます。

わいてくるストレスの原因は、ほかの人のことを考えているからです。ほかの人と比べて良い・悪いを考えるのは、二極の思考から始まっています。比較と評価、そして競争をすることにつながり、頭で良い・悪いを分けて考えることになります。このストレスはすべて、あなたが自分でつくり出しています。この世で起こるすべては、良いも悪いもなく、そのままOKなのだと思ってみてください。すごく楽になるでしょう。

魂は、いまの現実にまず満足することを望んでいます。不足感というのは、魂の望みと現実の間のギャップです。それが悩みや迷いの原因になり、ストレスを生み出しているのです。

6 わが子に対して「がんばってほしい」と願ってしまうのは、なぜですか？

わが子に対して、「がんばれ」と言いたくなるのは、いまの現状に満足していない自分がいて、その理想をわが子に叶えてほしいと思ってしまうからです。それは自分のエゴや我欲から来ています。

目の前の人の姿は、がんばってほしいと願っているあなたがつくり出した幻想です。実体ではありません。たとえば、好きなことをして満足している人に対しても、自分が満足していないと満足していない人に見えてしまいます。つい「がんばれ」と言ってしまう時は、じつは目の前の人は実体ではなく、あなたがつくり出した幻想なのです。

また第8章でも述べる通り、病人に対してもがんばれと言ってしまうのは病を良くないものとしてとらえているからです。

どの瞬間も、「いま最高！」と思って、いまの自分をＯＫしていると、「がんばる」

や、「がんばって」という発想はなくなります。

スポーツ観戦でも、勝ち負けや成功・失敗といった結果に一喜一憂することなく、一生懸命にとり組んでいるその人や登場人物の立場になり切って、その人のエネルギーに共感・共鳴してみると一層楽しくなります。共感は、あなたの自己表現の一つであり愛そのものです。共感の第一歩は、いまのありのままの自分をＯＫしていることです。

どの瞬間も「いま最高！」と思って、いまの自分をＯＫしていると、自分が「がんばる」、あるいはほかの人に対して「がんばれ」という発想はなくなり自然にその人に共感できるようになります。

7「利他《りた》」を考える必要はなくなりますか？

「利他」という言葉は、あなたと他人を別の存在としてとらえた言葉で、人のために自分よりも他人の利益を優先する生き方です。宇宙の法則から見ると、魂はもともと一つです。最初から分ける必要はありません。宇宙を創造した神さまは、あなたが自分を知るために他人をつくりました。比較するためではありません。見えない世界から見ると、他人はいません。他人は自分が見たいように見ている幻想の存在にすぎません。

他人との比較も、良い・悪いの評価も必要ありません。あなたはただ、他人を他人として見て、あなたを知るために他人がいるという思いになると、比較をしなくなります。比較という世界が入ってきたために評価をすることになったのです。人を判断せず、いまのありのままに見ることがたいせつです。

あなたがいつも「自分はこうだ」と思っているかぎり、他人とは比べません。あなたが他人と比べて「自分に何かが足りないのだ」と思った瞬間に、必ず不足感が芽生えます。自分軸は絶対的で、他人軸は相対的です。わたしはわたし、他人は他人、どちらも、「いまのそのままが最高」なのです。

あなたが自分のためにすることが、他人のためにもなります。自分のためということは自分を愛することです。まず自分が「いま、あるがまま、そのままの自分」を、こころから愛することです。自分を愛せない人は、人を愛せません。もともと私たち人間は愛にあふれて生まれてきました。何も特別な自分ではなく、超あたりまえの自分でいると愛にあふれてきます。その愛で目の前の人を包んであげることです。それが同時に最高の利他心になります。

8　どちらでもOKは愛の表現ですか？

1 「良い・悪い」「左右」……二極対立の真ん中のゼロでなく、どちらでもOKのゼロに魂は存在する

あなたの魂は、人生のシナリオを展開するためにふさわしい肉体を選び、大いなる光から分離した一つの光として、この世にやってきました。生まれた時はみんな、

愛にあふれていて、ピッカピカに光っていました。生んでくれたお母さんに、感謝でいっぱいでした。「もともと完璧」な知識や技能や知恵を秘め、自分の決めたシナリオで生きていこうと、ワクワクしていたのです。

それらをこの世で活用して、人の役に立ってよろこばれたり、あたらしい価値を生み出して人や社会の問題を解決したりしていきます。その楽しさをさらに追い求めて、よろこびに満ちた状態になることが、あなたの魂のシナリオです。

そのよろこびや感動が、あなたの魂の進化につながります。これによって、魂がいままでの転生で体験したことのない新たな感動をして、よろこびを発見していきます。これこそが魂の進化です。

あなたの魂は光の存在であり、完璧な存在であり、ゼロであり、無限でもあります。ここで「ゼロ」とは、プラスとマイナスの二極の対立の真ん中ではなく、どちらでもＯＫという真ん中のゼロです。何もないという意味ではありません。すべての始まりであり、無限の可能性を秘めたゼロのポイントのことです。わたしたち人間の魂は、そこに存在しています。

あなたの魂は、肉体を借りて、三次元の地球上で二極の間をゆきかう体験を積み重ねていきます。地球にはもともと善と悪など二極があってバランスをとっていきます。自分がどっちに振れているかの認識もふくめ、陰も陽も体験できるように設定されています。

二極の対立の真ん中とは、両極に振れている真ん中です。とらえにくく、いつもどちらかに振れています。行ったり来たりがストレスになっています。いつも二極の両側を意識している状態は陰陽のわなにはまっている状態です。両極を意識しなくなり、「どちらでもOK」という気分は、「どちらかに振れている自分も自分だ」と感じとっていくことです。この「真ん中の感覚」がポイントです。いまをOKしていくことです。いま、そのままの自分をOKしていると、両極を考える必要がなくなります。これが真のゼロポイントであり、至高の愛の感覚です。

2 俯瞰《ふかん》。高い位置から眺めてみる

真のゼロポイントにいる状態は、二極対立（プラスとマイナス、善と悪、陰陽など）の中間点ではなく、あなたの意識の目線を円錐の頂点へフワッと引き上げた感じです。どちらでもＯＫ、ニュートラルな状態です。いまのありのままを感じる、一〇〇％感じるだけの世界です。思考ゼロで考えないで、ボーッとしている、究極のリラックス状態です。

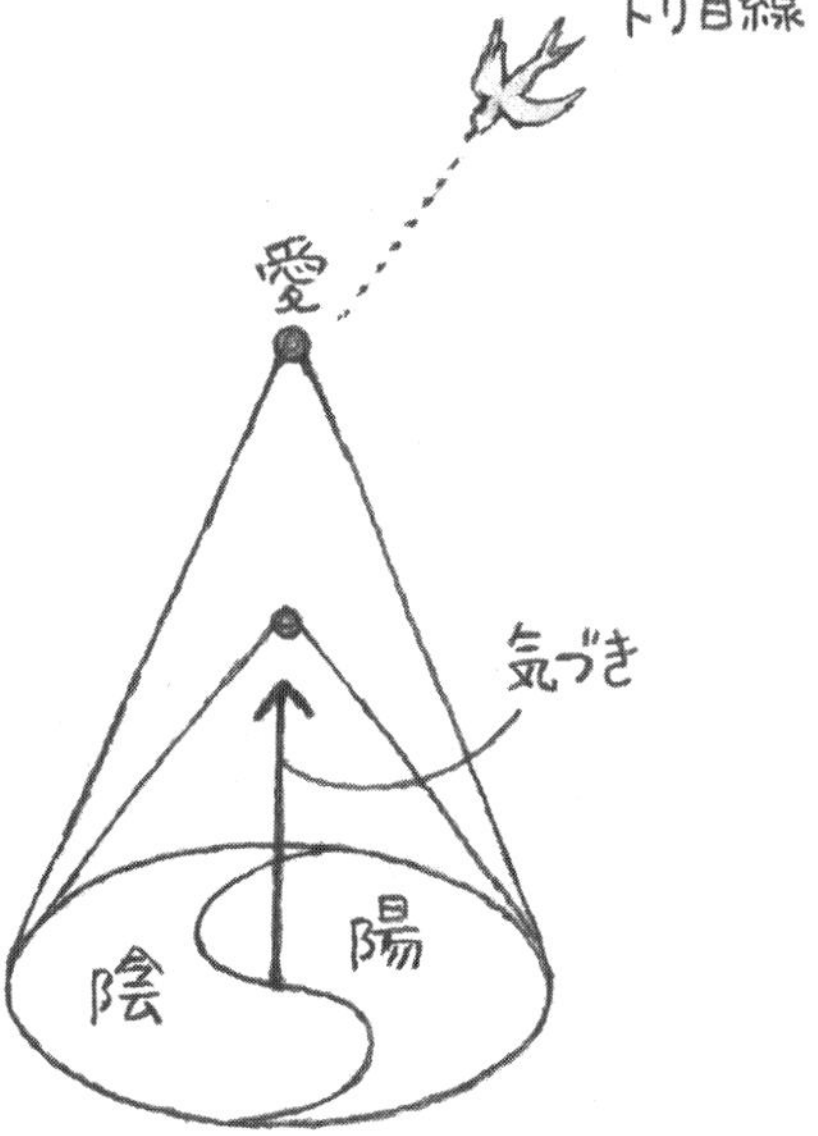

あなたは俯瞰という言葉をご存じですか？　俯瞰とは、高いところから下のほうを見渡すことです。広い視野をもってものごとを巨視的にとらえることです。二極対立の体験（世界）から、二極の双方を見渡せるもう一段高い視点（中立点）をもつことが、魂本来の生き方です。そこにわたしたちの魂の進化の可能性があります。その高さは無限です。ゼロであり無限であるというエネルギーポイントです。意識の高さであり、感覚の深さ、鋭さでもあります。

平面の陰陽図の中心から縦軸が上方に伸びて立体の円錐ができ上がっていくイメージです。円錐の頂点から見ている状態が俯瞰です。

山は標高が高いほどすそ野は広くなり、富士山のように安定感のある美しい姿になります。この世で体験するもろもろの現象の中から「どちらでもOK」を見出していきましょう。日々の体験を俯瞰して学ぶことで、体験は経験になっていきます。経験の質と量の豊さが、あなたという山のすそ野を広げ、高さを高めていきます。魂が描いてきた人生のシナリオとは、自らの体験を重ね、この目に見えない山、あなたにしかつくれない山を大きく高くつくり上げることであり、それこそがあなたの魂の進化となります。

この世での陰と陽の体験を重ねるごとに「どちらでも良い」の境地を開いていきましょう。底辺の陰陽図の円の直径が経験の数量です。円錐の高さは、あなたの意識の高さです。円錐の体積・容量は、愛の大きさです。陰陽の経験するごとに底辺の円は大きくなります。その体験を愛に変えていくことが魂の進化であり、意識改革です。

3 時間もゼロ、いまをＯＫする

また円錐の頂点は、時間がゼロのポイントでもあります。とがった頂点は「いま、この瞬間」を指します。その瞬間がすべて「いま、ここ」に集中するという感覚です。過去があって未来へつづいていく現在ではなく、過去も未来もない、時間がない、いまこの瞬間です。あるのはいまだけです。未来のためにいまがあるのではありません。その「いま」は、永遠につづくいまです。「いま最高、すべてＯＫ！」と歓喜している状態が、あなたのゼロポイントです。

9 「もともと完璧、いま最高！」の自分になるにはどのようにすれば良いのですか？

次の３点をおすすめいたします。

1 寝る前と起きてすぐに繰りかえす

一日の終わりに、「ああ、良かったな。きょう一日、最高だったな」と思って眠

もともと完璧
いま最高！
もともと完璧
いま最高
zzz…

りにつくことです。そんな思いで眠り、あしたをスタートしてみましょう。

わたしは23年間のカウンセラーの仕事を通じて、思うことがあります。好きなことだけをやっている人が一番元気であり、人もお金もすべての流れがうまく回っていると実感しています。

「もともと完璧、いま最高！」。あなたがそのように思えるには、生まれながらに完璧であると、いつも思っていることです。それは、いつも本来の自分でいるということでもあります。魂が願っていることを受けとめて「あっ、そうか！もともと完璧、いま最高なのだ」と思えると、心配な気分は消えていきます。

「目覚める」とは、「もともと完璧」な自分を思い出すことです。あなたが、自分は完璧だと思って損をすることは、何もありません。

2　口グセにする

あなたは人にほめられた時にすぐ「いやいや、まだまだです」などと言ってしまうことはありませんか？「まだまだ」という口グセは「完璧ではない」と感じる思いこみの表れです。謙遜《けんそん》は日本人の美徳の一つですが、ほめられた時は笑顔で「ありがとうございます！」と返事をするといいでしょう。

「まだまだ」などの口グセは捨てさって「もともと完璧、いま最高！」という言葉を、口グセにしましょう。思いこんだことがこころグセになるまでは、呪文《じゅもん》のように、ずっと言いつづけることをおすすめします。

30回言ってから寝る、起きてまた30回言う。シャワーを浴びていても、散歩して

いても、料理をしていても……いつもそう言っていると、全身の細胞が目覚めていく感じになります。

あなたの意識は「完璧」という言葉を聞いたとたんに「完璧でない」という夢から覚めます。それが「悟る」ということです。「もともと完璧」だといつも思っているように、口グセにしてみましょう。

3 いまをすべて肯定する

あなたは「いまはダメだけど、1カ月後にはもうちょっとマシな自分になっている」と、いつも思っていませんか？　その思いが、魂の進化を止めています。「何とかしよう」と思うのは、いまの状態が「悪い」という前提になっています。理想や目標を掲げると、その実現を目指して何とかしようとしてしまいます。これは、いま、あなたが理想や目標に届いてないという意思表示です。無意識にいまを否定する、いまはダメだとする思いが、いまの現実をこのままではいけないと思って見てしまいます。

そうではなくて、「いま最高！」なのです。あなたの魂は、いま、じゅうぶんに満たされています。未来のことを考えずに、いまを淡々と楽しむことがたいせつです。人間は、理想を思い描いて、それを叶えるための目標を定めて、夢に向かって生きていくことのできる唯一の生きものです。まず、「いま最高！」で、現状に充足感と満足感をもって、感謝の気持ちをもちましょう。

その上で、「いま最高、ＯＫ！　だけど、もっとこうなるといいなあ」という感覚が、宇宙の法則にあっています。現実の仕事などでは「いま最高！」という満ちた感謝の気持ちを抱いた上で、さらに自分が輝くということを目指して夢を描き、歩んでいくといいでしょう。

たとえば、あなたが仕事をする時、仕事は人の役に立ってよろこばれて、自分の魂が輝くという目的を叶えるための手段だと思うと良いでしょう。あなたは、いま、目の前にある仕事しかできません。目の前の仕事に集中してとり組むことが、あなたの使命です。それに集中し、専念していると、あなたはその仕事のことをだんだんと好きになっていきます。したいこと、好きなことを楽しみながら「いま最高！」の口グセを言っている時、あなたの魂はどんどん進化しています。

不足感がふくれあがっていくと、それがやがては病気の原因になっていきます。

たとえ満足感をもてない時でも「不足していてもOK、それがわたし」と思うことです。悪い展開が思いうかんだ時も「まあ、そうなってもいいか」と思うことです。どんなことが起こっても「ただ体験しているのだ」と受けとめて、受けいれましょう。「これにどんな意味があるのだろう」「やらなければよかった」などと後悔しないで、「自分にとってベストのことしか起こっていない」と思うことです。良い・悪いの判断をしないことです。あなたは、いまを体験するためにしかこの世に生まれてきていません。「何が起こってもOK」なのです。

自分が心配しているなと思ったら「もともと完璧なのだから、だいじょうぶだ」と、自分に語りかけましょう。

コラム

最高の自由を感じるために

あなたが最高の自由を感じるために、わたしから以下の六つのことをご提案いたします。常に自分に問いかけてみましょう。

1　いま、がんばってしまっていませんか？　がんばらなくていいのです。
2　感じるだけの世界にいますか？　二極の世界は「考える」ことでつくられていきます。
3　「もともと完璧、いま最高！」といつも唱えていますか？
4　「いま最高！」と思って満足していますか？
5　素直で謙虚なこころでいますか？
6　「ゼロアップ体操」（第10章参照）を毎日していますか？

第2章

好きなことだけをしていて「いま最高！」

あなたは、好きなことだけをして、毎日が楽しくて、光り輝いていれば、「いま最高！」だと思うことでしょう。「好きなことだけしていればいいよ」と言われたら、うれしいですよね。こころがワクワクしますね。

では「あした、命がなくなるので、今日一日、好きなことをしてください」と言われたら……「あした死ぬんだね。何をしたいの？　いや、わからないわ……」と、動揺するかもしれません。

でも、人は必ず死にます。そしていつ死ぬのか、だれも知らないで生きています。まさにあした死ぬかもしれないのです。それに気づくと「いままで、どれほどいいかげんに生きてしまったのか」と驚くのではないでしょうか。

あなたが好きなこと、ほんとうにやりたいことって何なのでしょうか？　何のためにこの世に生まれてきたのでしょうか？　いまの仕事は何のためにしているのかを、あなたは考えてみたことがありますか？

「好きなことだけをするって、わがままではないの？」「お金はどうするの？」……。だれでも生まれた時には、ピッカピカに光り輝いて「もともと完璧」でよろこびにあふれていました。あなたはそのことをすっかり忘れています。まず、忘れているということを認識しましょう。何をするために生まれてきたのかを思い出すには、とにかく好きなこと「したいこと」をして楽しむことです。ボーッとしてみるのもいいでしょう。「しないといけないこと」が多すぎて、ほんとうに好きなことがあなたの奥深くに眠ってしまっています。

波動リーディングで見ると、人間のあり方は「人に迷惑をかけない自己中《じこちゅう》」が最高です。わがままに、あとさき考えず、常識にとらわれることもなく、ほんとうにやりたいことをやる。そんな自分を許している状態が、魂にとっては最高なのです。良い・悪いの判断で動くのではなく、直観的に生きていくことです。

「しないといけないこと」は何もありません。目の前の現象はすべて幻想なのです。

「するべきこと」は何もありません。魂がやりたいことがあるだけです。

1 「好きなこと」だけをしていれば、なぜ良いのですか？

わたしは、波動リーディングという見えない世界の研究をしているうちに、「好きなことをしていれば、自分のエネルギーは最高にめぐっていく」「一生の中でどれだけ、やりたいことをして生きるかがとてもたいせつだ」と思うようになりました。「楽しいこと、やりたいこと」をしていると、「いま最高！」と実感することができます。

ところが、あなたは、仕事や勉強や家事など「しないといけないことをするべきだ」と思いこんでいませんか？　それは「だれかにダメ出しされるのではないか」という恐怖心があるからです。「しないといけないこと」は、楽しくはありません。なぜなら、義務感でとり組んでいる時の自分は、本来の自分ではなく、とりつくろったニセモノの自分だからです。

もともと人は生まれたいから、この世に生まれてきました。偶然に両親から生まれてきたのではありません。何か「したいこと」があったから、この世に生まれてきたのです。「したいこと」がなかったら、生まれてくることはありませんでした。わたしたちは、前回の人生で「したいこと」ができなかったり、やりのこしたことがあったりして「こんどこそは成しとげよう」と、もう一回もう一回と、何回も生まれ変わってきています。その意味でいま、生まれている人はすべて敗者復活に挑んでいるのです。

ところが現世で「しないといけない」ことが、魂の「したいこと」をじゃましているために、「好きでしたいこと」が見えにくくなります。あなたにも、日常のいろいろなタイミングで「したいこと」が見えかくれしているはずです。「しないといけないこと」を、「したいこと」に変えることができたら、あなたはほんとうに楽になります。「楽しいこと、したいこと」をしていると、新しいことやものを生み出す力、つくり出す力がわき出てきます。これこそが、本来のあなたです。

これはまた、新しい自分をつくり出すことでもあります。仕事で、解決しないと前に進めない難題にぶつかった時、恐怖心や義務感で仕事をしている人はアイデアがなかなか出てきません。あげくの果てに、できないことを人のせいにしてしまいます。しかし楽しんで仕事をしている人は、難題にぶつかってもすぐアイデアが出て、解決していきます。解決能力を生み出したあなたは、新しいアイデアとともに、こころをときめかせながら新しい自分へと変身していきます。

2 「好きでしたいこと」を思い出すことができません。どうすれば良いのですか？

それはあなただけではありません。たいていの人は、自分が何をするために生まれてきたのかを忘れてしまっています。あなたの魂は、お母さんの子宮に入った時に、譲りうけた肉体であまりにも予想外のことが多くて、自分を見失ってしまうのです。それは誕生する4カ月ほど前の出来事です（第7章参照）。母体に染みついているこころグセに気づきます。このこころグセというものは、肉体の設計図であるDNAに先祖からバトンタッチされてきたしがらみです。

また肉体に宿った魂は、お母さんがつくり上げている子宮内の環境にびっくりすることもあります。両親がいつもけんかしていたり、お母さんがDVを受けていたりすると、あなたの魂は「ほんとうにわたしが選んだ両親なのか」と、疑わしい気持ちになります。それでも「わたしが誕生することで、両親の仲をとりもつことができるはず」と信じ、誕生しようと決心をして「自分のしたいことを果そう」と思って生まれてきます。

しかしながら、あなたの魂は、自分の選んだ両親のこころグセや思いこみの解消に役立とうと知恵を絞っているうちに、自分の「したいこと」が、こころの底のほうにどんどんと沈みこみ、忘れてしまうくらいに遠のいていきます。

言いかえれば、人にはもともと「しなければならないこと」などはないのです。あるのは「したいこと」だけです。親や他人の言葉を受けいれて「しないといけないこと」だらけになってしまっていることに気づくことがたいせつです。

あなたは、日々の生活や仕事の中で「しなければならない」という義務感をもつことはありませんか？「しないといけない」と思った時に、自分が「したいこと」だと置きかえてみてはどうでしょう。ゲーム感覚でいいのです。

どんな小さなことでも「しないといけないこと」ではなくて「したいからしている」と感じて行動していると、あなたはきっと「自分が何をするために、何をしたくて生まれてきたのか」を、自然に思い出すことができます。

「しないといけないこと」を放置していると、することも、ゴミも、どんどんたまっていきます。さらに放置していると、「ああ、やっぱり雑用と思えることでも、すぐに仕上げたほうが気持ちいいなあ」「こまめに掃除していれば、いつも気持ちいいな」と、こころに変化が表れます。やがて「きれいにしたいからしよう」という感覚に変化していきます。とり組んだ結果としてもたらされるであろう気持ち良い感覚を思いうかべて「したいからするんだ」と置きかえてみるのです。ぜひ、やってみてください。大自然の摂理《せつり》に沿って生きている感覚になります。

振り子の原理と同じで、右に思い切り振れると、次は左に同じだけ振れますよね。「陰極《いんきわ》まって陽となる」ということわざもあります。何でも極まるとひっくりかえることになっているのも、この三次元の現象です。きっとおもしろい体験になります。

あなたが「もともと完璧、いま最高！」と、常に思えるようになると、どうなるでしょう。魂はちゃんと「完璧」だと知っていますから「ああ、わかってくれている！」と、よろこびます。歓喜している魂は、あなたの思いや行動や表情にどんどん表れてきます。どんな瞬間も「いま最高！」と感じて、いまのありのままをＯＫすることです。無条件の愛、本来の愛、最高の愛は「そのままＯＫ」と思えることとです。それが、あなたの生まれてきた使命の最終目的でもあります。

どんなことでもいいので「しないといけない」と思うのをやめてみてください。そうすると、まわりも変わり、あなたも変わります。あなたはもともと、もっともっと自由なのです。あなたの魂の本質は光です。いま、ここで、輝くために存在しています。あなたは「したいこと」をしていると、輝きます。

人生は楽しむためにあるのです。

3 子どもに好きなことだけさせていても良いのですか？

はい、良いのです。

あなたの魂が生まれる前に描いた人生のシナリオを忘れてしまう一つの原因は、与える教育です。子どもたちは、家庭や学校で、知識や技能や知恵をどんどん与えられます。そうしているうちに、あなたは、自分がもともと完璧だったことを忘れてしまいます。たくさんの知識を教えてもらったら、すてきな自分になれるというのは、大きな勘違いです。

学校で勉強して知識を与えられるほど、あなたが本来もっていたものが、こころの底へとどんどん沈んでしまいます。与えられた知識が漬物石のようになって、自分のもちあわせてきた知識や技能や知恵が沈みこみ、いつしか忘れてしまうわけです。

また、あなたが「こうしたい、それがほしい、あそこにいきたい」と言った時、お母さんに「ダメだよ」と言われたことはありませんか。両親としては、子の安全を思う親心からの助言であり、悪気がないことも多いものです。

しかし、言われたあなたは、そうしたダメ出しの環境ですごしているうちに、ダメ出しが積み重なり、「思うこと、したいこと」を閉じこめてしまい、ありのままに発言、発信ができない状態になっていきます。「どうせダメと言われるのなら、何もしないほうがいいや」と、勘違いの思いこみをしてしまいます。あなた自身の手で、その漬物石をはずすしかありません。

4 「叱《しか》らない、怒らない、ほめない」、では、どうすれば良いのですか？

ほめることも控えてください。叱らない、ほめない……、では、どうしたらいいと思いますか？　人はほめられると、もっとほめてもらおうという欲が出てきます。この「もっと」がじゃまをして評価される自分をつくろうとします。無理をして、偽の自分をつくっていってしまいます。あくまで、子どものいまのありのままの自然な姿を、認めてあげましょう。「そのままでいいよ」と、ずっと言いつづけることです。それには、親のあなたが、そうとう耐えないといけません。

子どもたちが家の中で、めちゃくちゃに散らかして暴れているのに「そのままでいいよ」とはなかなか言えませんね。でも、そうやって自由に育てられた子どもは、とっても元気がいいのです。発想力も行動力も表現力も豊かです。それは、自分の魂が望むままに表現して生きているからです。「したいこと」を、のびのびと思うぞんぶんに発信できているのです。「そのままでいいよ」ということが、親としての最高の愛です。

イメージとしては、親のあなたと子どもが対面して、あなたが子どもを評価するのではなくて、あなたが子どもの魂に寄りそって、感情をともにするのです。子どもの言動のプロセスに注目して、共感します。「できるようになってうれしそうだね」「きれいになって気持ちいいね」「ありがとう、助かったわ」などと声かけをすると、子どものいまのありのままの姿を受けいれることになります。子どもは、自信をもてるようにもなります。

コラム

子どもがお茶碗を割ってしまったら？

あなたの子どもが不注意でお茶碗を床に落としたとしても、叱らないでいましょう。たとえ不注意で起こったとしても「そうしたから、そうなった」だけのことです。起こったことは起こったままに見ることです。言葉を出

すとすれば、「落ちて、割れちゃったね、どうしたらいいと思う？」でいいのです。この世は、起こることが起こっているだけなのです。

あるいは子どもがしようとすることに対して、先回りして心配する言葉をかけると、そのようになってしまいます。そして親は「ほら、やっぱり言った通りでしょう、言った通りにやらないからよ」と怒ってストレスをためてしまいます。これはじつは、「そう思うとそうなった」だけです。親は、子どもがやりたいように自由にさせるといいのです。そこで子どもが失敗したとしても、それは子どもの経験になり、自立していく時に役立ちます。

子どもの姿をいまのありのままに受け入れることです。そうすれば、どれほど気が楽になり、肩がこらなくなるか……わかりますよね。

5　いまの子どもたちが大好きなゲームはどうですか？

1 ゲームの時間は「いま最高！」

あなたは、いまの若い人は自分の「したいこと」を自由にできているように感じたことはありませんか？　それはなぜでしょうか？　近ごろ、能力がすごく優れた小学生や中学生が現れてきています。思いのままに表現することを、自然に身につけている子どもたちが多くなっています。その背景にゲームが大きな役割を果たしていると、わたしは感じています。

ゲームがすごく好きな子どもたちがいます。ゲームをしている時間、子どもたちは「いま最高！」と思っています。その姿を見て、お父さん、お母さんは「しょうがないな、ゲームばっかりしていて」と思ってしまいます。

でも、わたしはゲーム大賛成！　です。どんどんやらせてください。好きなことに打ちこんでいるうちに、自分の世界に深く入りこんで、魂が望んでいること、「したいこと」を表現できるようになります。

「風の時代」に入ったこれからの世界は「メタバース」の仮想の世界が、暮らしや遊びにも仕事にも、どんどん発展していきます。すごい世界が始まろうとしています。ゲームの中には、いまの大人たちの知らないことがたくさん入っています。仮想現実の中で理想的な社会を築いたり、会ったことのない人たちとスポーツの対戦をして技術を高度に磨いて発揮したり……想像力を思い切り働かせないとできないゲームがたくさんあります。

集中力もつくし、想像力も育つし、何より自分が「したいこと」を、自由に発信する満足感を得られます。お母さんがほったらかしにしていると、子どもはゲームの世界でのびのびと、自分らしく生きることができます。

わたしは、魅力的なゲームがたくさん生まれている現代は、子どもたちにとってはとてもいい環境なのだと思っています。

2 ゲームは表現する能力を育てる

あなたの人生もゲームのようなものです。ものをつくり出す、あるいは楽しさをさらに極めていくゲームです。「自分の人生を楽しもう！」と、あなたが考え方を変えた瞬間から、あなたの人生は変わり始めます。みんながそう思うことで、世界も大きく変化し、地球上から争いがなくなっていきます。それが人類の進化です。たくさんの愛に感謝して充足感と満足感、幸福感に満ちて、人に与える、支える、応援するという気持ちの人が増えていくからです。

でも、この世で比較と評価のものさしを当てられつづけて、競争などを強いられ、こころが不足感、欠乏感の中で、残虐《ざんぎゃく》性を潜ませている子どもたちも多くいます。自分が「したいこと」、言いたいことを発散（発信）する場所や機会がありません。否定や抑圧の檻《おり》を解放できず、さらに奥へと自分を閉じこめて、良い子を装って生きることになります。「自分を出せない、出さないほうが良いのだ」と思って生きていくことにつながっていきます。

このような潜在してしまう意識を、ほとんどの人が気づくことなく成長していきます。やがてどこかで爆発して、家庭内暴力やいじめや凶暴な犯罪行為に走ってしてしまうことになります。

理性で何とか自分を抑えている人たちや、親からの暴力を受けたり、親に放任されたり、無視されたりした子どもたちは、自分の居場所がなくなっています。これをゲームが救っていることが多いのです。

ゲームの中での競争や闘争はだれからも文句を言われません。閉じこめてきた思いを吐き出すことができます。これを「閉じこめた意識の解放」と呼んでいます。この解放がスムーズにできると、日常生活でも、本来の自分を出すという能力を発揮しやすくなります。それは、子どもが親に対してもっている恐怖心や抑圧感、強迫観念などの解放にもつながります。ゲームに興じる子どもたちのすべてがそうではありませんが、無意識に閉じこめた意識のはけ口になっているものです。

子どもだけではありません。大人のあなたも、とにかく自分を出すことがたいせつです。自分を出せない（表現・発信できない）で、「したいこと」をできずに「いま最高！」と思えないのは、閉じこめている意識がじゃまをしているのです。ほんとうはみんな、自分を出したいのです。

3 ゲームに集中するからこそ見えてくる世界

「ゲームばっかりしていると、屋外で仲間と遊ぶ自然体験や家事の手伝いをしなくなるのでは」と、心配する親もいます。何の心配もいりません。黙って見守っていてください。

人は地球上の大自然の一員として生まれてきています。大自然と共存共栄していくという知恵をもって生まれてきています。大自然に順応して生きるすばらしさも、よくよくわかっています。ゲームの世界に集中することで、見えてくる世界があります。人はもともと自由な存在です。魂は、何回も生まれ変わってきて、いまがあります。ゲーム以外のほんとうにやりたいことにも、自然と興味を見出していきます。だいじょうぶです。

あるいは、ゲーム機やパソコン、テレビの画面を集中して長時間見ていると、電磁波の影響や視力低下が気になることでしょう。じつは、電磁波そのものは人体にとって悪いものではありません。電磁波に乗っているネガティブなエネルギーが問題であることが、わかってきています。そのため、電磁波に乗っているネガティブ意識と同じ意識を、自分に閉じこめている人は要注意です。

まず、自らが率先して自分を変えることのほうがたいせつです。電磁波に乗っているネガティブ意識は、「無気力」意識（エピローグ参照）であることが判明しています。その波動に共鳴しない自分になることです。自分が閉じこめてきた感情の記憶などが解放されて意識がクリアになっていくと、電磁波に影響されることはありません。

また、視力低下の改善については、第10章で紹介する「腕振り体操」で自分の意識をクリアにすることで、解決していきます。電磁波を悪者にするのではなく、まず自分を変えていきましょうということです。

第3章 良い・悪いを分けない、いま、ありのままでOKの世界

あなたはいつも、「自分にとって都合が良いことと悪いことがある」と思いながら生きていませんか？　この良い・悪いがあなたの人生の悩み、苦しみの根源につながっています。あなたが出会う現実の一つひとつに対して比較や評価をしないで、「どちらでもいい」、「いまのありのままでＯＫ」と思う感情を積み重ねていくと、魂が自然に進化して、ものごとを感じる深さが変わっていきます。

1　なぜ「良い・悪い」を分けて、悩んでしまうのですか？

子どものころに、「良い子だね」とほめられます。この世は二極対立の世界です

から、「良い子だね」と評価されたら、その瞬間に「そうしていないと悪い子である」という意識が自分の中に芽生えます。人の目を気にして、良い子を演じてしまう悪い子になってしまいます。

三次元のこの世で性格や容姿や能力が異なっていても、比較や評価がなければ、わたしたちは本来、人としてみんな対等なのです。しかしあなたは、何とかもっと良い子になろうとしてきました。良い選択にこそ、良い人生の未来が開けていくと信じてきました。

「きれいなほうが良い」「背は高いほうが良い」「スマートなほうが良い」「勉強のできる子のほうが良い子」などなど。

すべての現象に対して、「こっちが良くて、あっちが悪い」と分けています。何を見ても、どんな現象に出会っても、「自分にとって都合が良いか悪いか」を瞬時に考えてしまいます。高速コンピュータより速く頭が回転して、いつも二つに分けて考えています。

良い・悪いを分けるということは、比較・評価していることであり、目の前の人やもの、現象の意味や価値を無意識のうちに判断することにつながります。人を裁いて、その理由を考えています。判断して選択した結果に、必ず良い結果と悪い結果があると信じています。「選択を間違うと、わたしの人生はたいへんなことになる」とまで考えが飛躍して、未来への不安に悩んでしまうのです。こころがいまになくて、未来へ飛んでしまっています。判断した瞬間から、過去への後悔や未来への不安を感じています。

その判断の基準とは、「こうあるべき」や「こうでなくては」などの思いこみであり、自分なりの価値観です。この価値観こそが自分だと感じています。なかなか手放すことができず、人生がますます混乱し、迷路にはまっていきます。

わたしたちの病気や不幸も、ここから始まっています。

2　価値観を手放すには、どのようにすれば良いのですか？

良い・悪いを決めているのは価値観があるからです。どちらでもOKと、判断せずにいまのありのままを見て感じたことを信じて行動すればいいのです。

判断基準は人それぞれであり、あいまいなものです。だれが決めているわけでもありません。それにもかかわらず、だれもが自然にそのように分けて考えるようになってしまっています。しかしわたしたちの本質である魂には、比較・評価するというとらえ方は、もともとありません。

自分は、なぜ、そう思うのか、自分自身のこころのうごきについてしっかり見つめてみましょう。

自分はどう生きようとしているのか？

あなたの本質である魂の声を聞いて、そのままに感じ、生きてみましょう。

本来の自分を思い出して、その気分を感じてみましょう。思考の止まらない自分にちょっとブレーキをかけてみましょう。そして、「いまのありのままでＯＫ」の自分を感じてみるのです。感じたことそのままを信じていく世界観です。感じたことを信じていくということは、すべてをＯＫするということと同じです。「こうしないといけない」ということは何もありません。

感じて生きる。

その体験、そのよろこびを魂は待ちかまえています。魂の声をよく聞いて、見失っているものに気づきましょう。

3 意識を高めることと「いま、ありのままでOK」とは関係がありますか？

「どちらでもいいんだよ」「いまのありのままでOKだよ」と聞くと、あなたは「そんないいかげんな……」と思われることでしょう。良い・悪いの判断をせずにどちらでもいい世界を築いていくということが、陰陽の裾野《すその》を広げ、意識を高めることになるのです。

どんな悪いことやイヤなことが起きても「ああ、いまは陰を体験しているのだ」とすべてをOKして、いまの自分の状況を受けいれることです。そうすると、相手のすべてを許すことができます。許すことは、あなたの愛です。陰陽のエゴ的な体験に折りあいをつけ、愛に変えて、愛をふくらませていくことが、意識を高めることであり、そのことが魂の進化につながります。

たいせつなことは、あなたの魂は「もともと完璧」だったのだからそのことを信じて、生まれた時に戻るようにすることです。魂は、わざわざ三次元の世界に来て肉体の中に入って、陰陽の二極の世界を体験するために生まれてきました。その体験をする日々の中で、がんばるのではなく、自分を卑下するのでもなく、「いま、このままで良いのだ」と感じていくことで、ゼロポイントに戻っていくように意識を高めていきましょう。円錐の頂点から陰陽図を眺める（俯瞰する）感覚です。第1章でも述べているように、意識の高さは無限です。円錐の高さが意識の高さであり、底辺の円が経験の数量であり深さです。円錐全体の大きさ＝体積が愛の大きさです。愛は無限です。どんどん高く、大きくなると、世界中を俯瞰することができ、「世界はすべてわたしだ！」という思いがわき出てきます。陰陽の体験するごとに底辺の円が大きくなります。その体験を愛に変えていくことが魂の進化であり、意識改革です。

陰と陽に振れることが悪いのではありません。この体験こそが三次元の特徴なのです。思い切り怒っても悲しんでも落ちこんでも良いのです。陰を体験してこそ陽がわかり、悪を体

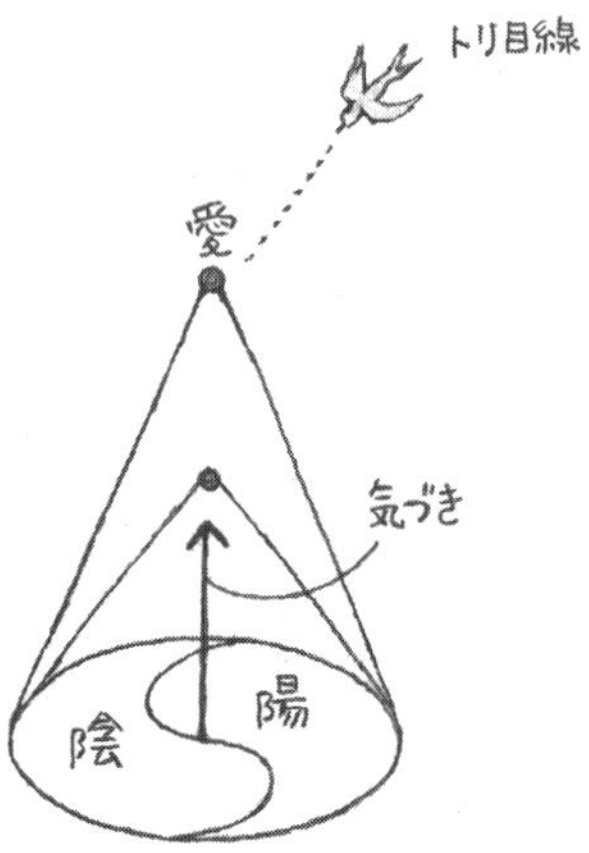

験してこそ善を理解できます。陰に振れた時に、がんばって何とかしようとすると、さらに陰に振れ、陽に戻る機会を失うこともあります。

あなたの魂は、広い宇宙から飛んできて、この世にこの肉体を借りて入りました。この世で体験しようと思ったのは、魂がゆさぶられる感動であり、よろこびです。どんな人との出会いでも、どんなイヤな出来事も、それらはあなたの魂の進化をサポートするためにしか現れていません。「ああこれも体験か」「うれしいね」「感謝だね」と感じてみることです。そのよろこびの発見を魂は待っています。魂はいつでも歓喜していたいのです。

あなたはこうして人間としてのよろこびを体験しながら、意識のエネルギーを高めて、地球を進化させる役割を果たしていきます。あなたが意識を高めることは、平和な世界づくりにつながっていきます。意識は無限に高くなります。どの瞬間も判断することなく、「いまのありのまま」の自分でいてください。この思いが限りなく意識を高めていくことになります。そこには、自分への愛があります。あふれる愛の大きさや深さは、この地球に対する最高の貢献となります。

4 意識を高めるとどうなりますか？

人間の意識は、限りなく上昇・進化していきます。意識が高くなると、ものを見る目が変わります。見る深さ、味わう深さが変わります。

たとえば、あなたは美術館で絵を観ると感動します。絵の奥には描いた人の魂がこめられています。あなたの意識を高めれば高まるほど、見た時にグッと奥まで見通すことができ、深いところまで味わえるようになります。

また、レストランで食事をする時に「味が浅いな、深いな」ということが、瞬時にわかります。何を食べてもおいしいレストランでは、その味わいが深い理由のほとんどが、料理長の意識の高さによって決まっています。あなたのこころはしあわせを感じ、魂は歓喜して進化していきます。あなたはそのことを、意識が高くなればなるほど、直観的にわかってきます。

これこそが人生の楽しみです。楽しさを極めていくと魂がよろこびます。あなたが何を見ても、目には見えない深い魅力が見える、感じられるというのは、どれほど楽しいことでしょうか。魂はそれを味わうために生きてきているのです。

魂は常によろこびを表現したいと思って待っています。小鳥の鳴き声やちょっとしたことでも感動し、その瞬間、瞬間のよろこびを表現することが魂の進化につながります。そのよろこびの瞬間は「いま、ここ」にしかありません。

三次元世界では、お金や健康、人間関係でうまくいったからうれしい、しあわせだと感じるよろこびもあります。こうしたこころのよろこびは一時的なものです。一方、魂の「瞬間のよろこび」は無限です。よろこびの瞬間が次のよろこびを呼んでいきます。「もともと完璧、いま最高！」と、満足感に満たされていると、あなたの内側からいま、必要な情報がフワーとわいてきます。そしてその情報に身を委ね、任せてみるのです。しあわせ感に包まれて、あなたがほんとうに「いま、したいこと」がやってきます。

5 意識の高さにゴールはありますか？

意識の高さにゴールはありません。無限です。あなたの意識は、基本的には無限に上昇・進化していきます。それぞれの魂は、今世で到達したい最高レベルを設定して生まれてきます。しかしあなた次第で、そのレベル以上の体験ができるようになっていることも、この地球という舞台のすばらしさです。この三次元の世界は、意識の高さを極めていくチャンスには事欠きません。

あなたが好きで楽しいことをしていると、あなたの意識は限りなく上昇していきます。好きで楽しいことに熱中することは、どんな困難が待ちかまえていようとも、乗り越えていけるエネルギーの源泉になります。

人間というのは、欲がなかったら変化も進歩もしません。

「こうしたい、ああしたい」と、次から次へと高みを目指します。しかし愛や感謝の気持ちを感じずに、エゴや我欲が先行していると、けがや病気や不測の事態が起きることもあります。この三次元はそうなっていて、陰陽の両方を味わうことになっているからです。でもそれを最小限に食い止めることも、うまく乗り越えることもできるようになっています。

たとえ不測の事態が起こったとしても、いまある状況に感謝して「いま、ありのままでＯＫ！」と感じていくと一気に事態は好転します。どんな事態に直面しても、いまの自分にＯＫを出し、だれのせいにもすることなく、自分を許していくことです。そうしていると、愛があふれていきます。意識もどんどん高くなり、この世への最高の貢献となります。

しかしある時、高い意識の山を築いた人でも、もうちょっともうけたいという我欲、ものやお金への執着、情欲などがわき起こると、ずるずると意識が下がっていくこともあり得るのです。しかし自分がそのことに気づくだけで、築いた山の高さに戻ることができます。

この二極の世界では、意識がある程度上昇して、それだけ気づきも早くなり理解も深まって立派な山を築いてきたとしても、ふとした拍子に不足感にさいなまれ、エゴがおおいかぶさってきて、進化がストップし、後退することもあるので要注意です。そのたびに「ああ、自分は何も変わってないなあ」と思ったりもします。人生の随所で試されることになります。わたしたち人間の弱さでもあり、みんながもっている特性でもあります。

じつはこれは、宇宙があなたに与える一つの試練なのです。「これでもあなたはいまの自分を信じ、いま、ありのままをOKしますか、いまの道を進みますか」というお試しなのです。順調に流れていた川に突然高い堰《せき》がはめられたようになり、川の流れがストップする状況と同じです。ここでも「ああ、これも一つの体験だ」ととらえて、いまやっていることを楽しもうとしていると、川の水かさが堰を超えてさらに深さを増して流れ始めます。

逆にここで「ああ、ダメだ」といまの自分にダメ出しをしたり、何とかしないといけないとジタバタしたりすると川の流れは停滞し、流れが止まります。

人生は、楽々と楽しく、どんなことも体験だと自分を信じていくと、意識は無限に上昇し、神さまの意識へと近づいていくことでしょう。

6 「いま、ありのままでOK」とは、努力しなくて良いということですか？

あなたは、この人生を楽しむために生まれてきました。あなたの魂はいつも「もともと完璧、いま最高！」「いまのありのままでOK」と感じています。まずは「いま・ここ」の状況に感謝してみましょう。感謝することは、充足感、満足感、幸福感をもたらします。あなたのこころが満ち足りていると「もっともっと人の役に立ちたい」「人や社会の問題を解決したい」「知識や技能や知恵をさらに磨いていこう」と、夢がどんどん大きくなっていきます。そんな気持ちで日々の仕事にとり組んでいると、思っている通りの現実がもたらされます。「自分に足りないものはない」と感じていると、何も努力をしなくても無限に能力がわいてきて、完璧な自分と思えるようになっていきます。

こうして人生を極めていくと、最後にのこるのは、愛と感謝です。それはまさに、水が伝えているエネルギーと同じです（第９章参照）。

生きるということは、命を輝かせることです。日々の仕事それ自体が人生の目的ではありません。あなたの命が輝くということは、魂が好きで楽しいことをしている状態です。仕事はその手段です。その楽しいと感じることを極めていくことによって、あなたは本来の自分になっていきます。

しかしわたしたちは、日ごろ、ほとんどの時間を自分に対する不足感で嘆いています。「これが足りない、あれも足りない」と思っています。あえて不足や欠乏をさがしているかのように見えます。

これは、生まれた時から、親との関係性や人との比較から、だれもが少なからずもちあわせている傾向です。この不足感を何とかしようとするのが「努力」です。「きょうがダメだから明日はがんばろう」と思うのが良いことだとされてきました。でもこれは叶わぬ夢です。エゴが増幅するばかりです。

たとえば「もっともうけたい」と、お金を目的にしたとたん、そこには不足感が生まれます。「ほかの人よりももっともうけよう」という他人と比べる相対価値ではなく、自分軸の絶対価値がたいせつです。お金もうけを目的にするのではなく、自分の魂が望むさらに良い仕事や生き方をするのを目的に、あくまでも魂が楽しさを極めていくイメージでいるといいでしょう。

魂は肉体に入り、陰陽の地球の世界に生まれたとたんに、その光に曇りがかかります。まずは、いまに感謝して満足し、「いま、このままが良い」「いまのありのままでＯＫ」と、いまを全肯定してくと三位一体としての自分の意識が高まり、あなたは本来の魂のレベルに近づいていきます。

第4章

人は肉体と生命体と魂の三位一体のハーモニー

本章では、あなたという人間の原点を、この世の誕生前にまでさかのぼり、どんどん深く見ていきましょう。

わたしたち人間は、三次元の肉体（物質）、四次元の生命体（生命・感情・こころ）、五次元の魂（精神）で成りたっています。この三つが一体化して調和しながら、一人の「わたし」としてこの世で自己実現していく存在です。

この三位一体の調和がゆらぐことによって自分らしさを失っていきます。

波動リーディングは、この「ゆらぎ」を読みとり、それぞれ個性をもったわたしたちが思い通りの人生を生きていけるように、ゆらぎの情報を提供する方法です。

本書では、そのゆらぎの要因を明らかにし、人間とは何か、生きるとは何かなどを読み解いていきます。あなたが本来の自分を思い出し、自分の人生を描いていくサポートになることを願っています。

1　「わたし」という存在は、何で構成されているのですか？

あなたという存在は、目に見える肉体と目に見えない生命体と魂で構成されています。わたしたち人間は、肉体、生命体、魂が三位一体となって調和した存在であり、一人の人間として地球に誕生してきています。

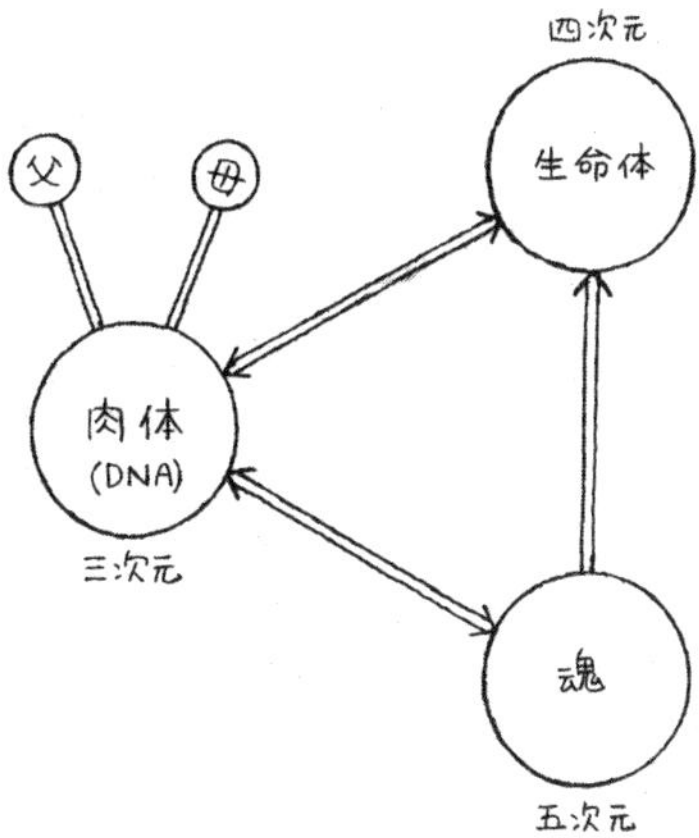

1　肉体とは

両親から譲りうけた肉体は、三次元の世界に存在しています。その使用期間はだれも等しく、最長１２０年の期間限定です。ストレスなくフワーッと生きていれば、そこまで生きられるということです。

肉体は五官（目・耳・鼻・舌・肌）を備え、

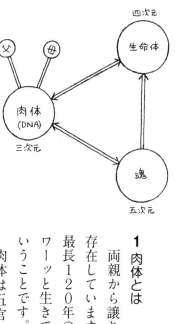

五感（視覚、聴覚、臭覚、味覚、触覚）をつかさどっていて、目の前に現れるあらゆる現象をキャッチし判断しています。

また、この肉体は、ＤＮＡという設計図に基づいて先祖から降ろされた生命体からのエネルギーを受けとり成長していきます。

2 生命体とは

生命体は、あなたの肉体のまわりを、まったく同じ形をして包みこんでいます。「見えない身体」とも呼ばれています。生命体とは一般的に「オーラ」とも呼ばれていますす。ＤＮＡの設計図に基づく骨格や筋肉、肉体の大きさなど、肉体の形態を形づくるエネルギーです。また、あなたの自律神経の機能に関わり、生命・感情・こころをつかさどる潜在意識です。

肉体の活動の中で、足を切断したり、胃をすべて摘出《てきしゅつ》したとしても、ＤＮＡが壊れない限りは、その設計図通りに修復しようとする自然治癒力をもっています。皮膚や筋肉などが損傷しても、そのまま回復し再生していきます。全摘した胃が徐々に形をとり戻したり、切断した骨もギブスをはめて自分の意のままにうごかしたりすることが可能になるのは、生命体が存在しているからです。

生命体は、新しいＤＮＡが生まれるのとほぼ同時に先祖グループから降ろされます。その直後から生命体はＤＮＡにエネルギーを供給し始め、肉体を形成していきます。生命体は生涯にわたって、肉体と表裏一体の関係を保ちながら成長していきます。この一体となった「肉体＋生命体」は、間もなく地球へ降りてくる魂（本来の自分）と一体となり、あなたはこの世の誕生を迎えます（第７章参照）。

この生命体のエネルギーは、先祖グループが描いている人生のストーリーを秘めています。生命体は、先祖がこれまでに成しとげられなかったことを実現してくれることを念じて、この世に送り出されてきています。魂は、このストーリー（課題）を感じながらこの肉体に入ってきます。この世では愛と感謝に満ちた最高の人生体験が待っています。両親から与えられた肉体と先祖からの生命体が表裏一体となって肉体を形成し、魂が運転手になって、この世の出来事を体験していきます。

たとえば、「スポーツ選手になりたい」「○○という仕事を成しとげたい」といった潜在意識をもった生命体が、肉体にエネルギーを送りながら成長していきます。

あなたが音楽一家に生まれたとしましょう。「世界有数の音楽家を輩出したい」

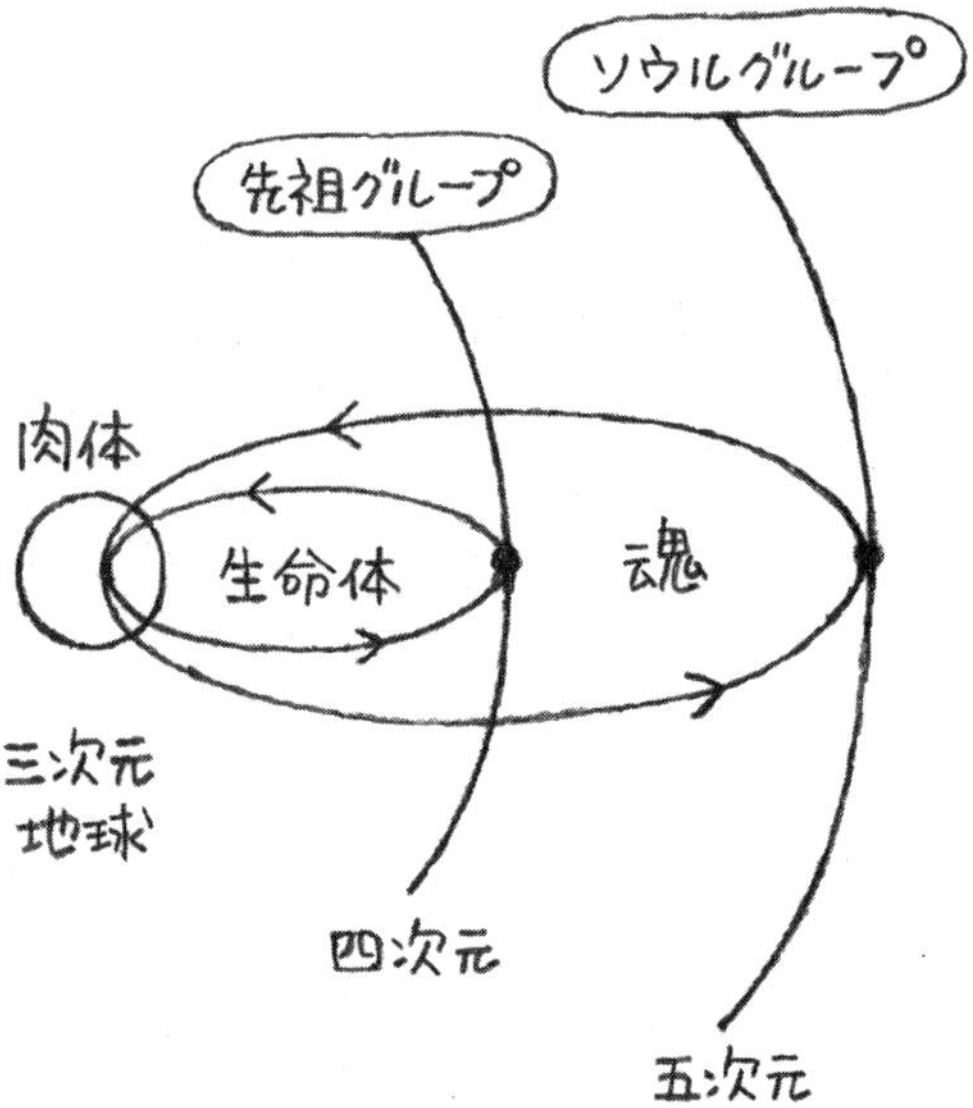

という先祖の課題に応えられる人になってほしいと、この世に送り出されました。そこに過去世でピアニストを体験していて、今世ではさらに磨きをかけてピアノ演奏を極めようという人生のシナリオを描いている魂が入ってきた場合には、世界的にも有名なピアニストになることが楽々とできてしまいます。

このようにすべての人の魂は、自分の人生のシナリオを実現できそうな生命体を選んで、誕生してきます。

しかしながらほとんどの人は、

魂本来の人生のシナリオを実現できないままこの世を去っているのが現実です。生命体がエゴや我欲（第5章コラム参照）に翻弄《ほんろう》されて、ストレスがかかってしまうからです。

先祖グループとは、死後肉体から分離した生命体が、ふたたびこの世で新しい肉体をつくる準備をするエネルギー体です。地球上空にこのエネルギー体があり、生命体は地球の人類誕生から何万回と往復しているといわれています。この世での死は、肉体と生命体の分離を意味します。死後、生命体はふたたび新しい肉体をつくり、今世でできなかったことを成しとげようと、おおよそ50年のサイクルで地球に送りこまれるようになっているようです。この世で兄弟だった生命体が次の生では、親子になることも普通にあります。

3 魂とは

あなたの魂は、この世で表裏一体となっている「肉体＋生命体」を導く存在です。自動車にたとえると、ボディは肉体と生命体です。魂は、それを運転する運転手です。魂

は五次元の存在であり、「本来の自分」と称されています。五次元は、まさに魂の世界であり、精神をつかさどっています。わたしたち人間の生命体と魂のエネルギー比は、それぞれ五〇%ずつと一般的にいわれています。

魂は、脳・脊髄神経に大きく関わっています。あなたがやりたいこと、成しとげたいことをコントロールして、陰と陽のバランスをとる役割を担っています。運転手である魂が望む通りの人生シナリオを歩むことで、あなたはどんな困難な道も楽しくイキイキと生きることができます。魂には、そのための完璧な知識と技能と知恵が備わっています。

あなたは誕生したあと、肉体のＤＮＡに染みついた直系の先祖や両親からのこころグセや両親の習慣、思想、教育などの影響を受けながら、あなたの人格や個性を形づくってきました。

生命体と同様に、魂も何回も転生を繰りかえして、今回また生まれてきました。過去世での記憶をすべて秘めながら、それぞれ個性をもってこの人生をすごしています。

2 肉体、生命体、魂はどのように連携していますか？

肉体と生命体をつないでいるパイプは、自律神経（交換神経・副交換神経。植物性神経）です。あなたの意思に関係なく臓器の筋肉をうごかすなどの肉体の機能を調節しています。自律神経は、あなたのこころグセ（先祖から引き継いでいる先天的な感情やこころの傾向）や思いこみ（両親など他人との関係性で身につけた後天的な感情やこころの傾向）といった感情や喜怒哀楽の感情の影響を大きく受けます。

生命体は、常に肉体に生命のエネルギーを供給しています。このパイプにこころグセや思いこみによってノイズ（雑音）が入り、臓器に影響を与えてしまうと病気の原因となります。目の前の現象を、好きと嫌い、良いと悪いなどに分けて比較・評価し判断していることが、悩みや苦しみの原因をつくり、病気の根源になっていきます。

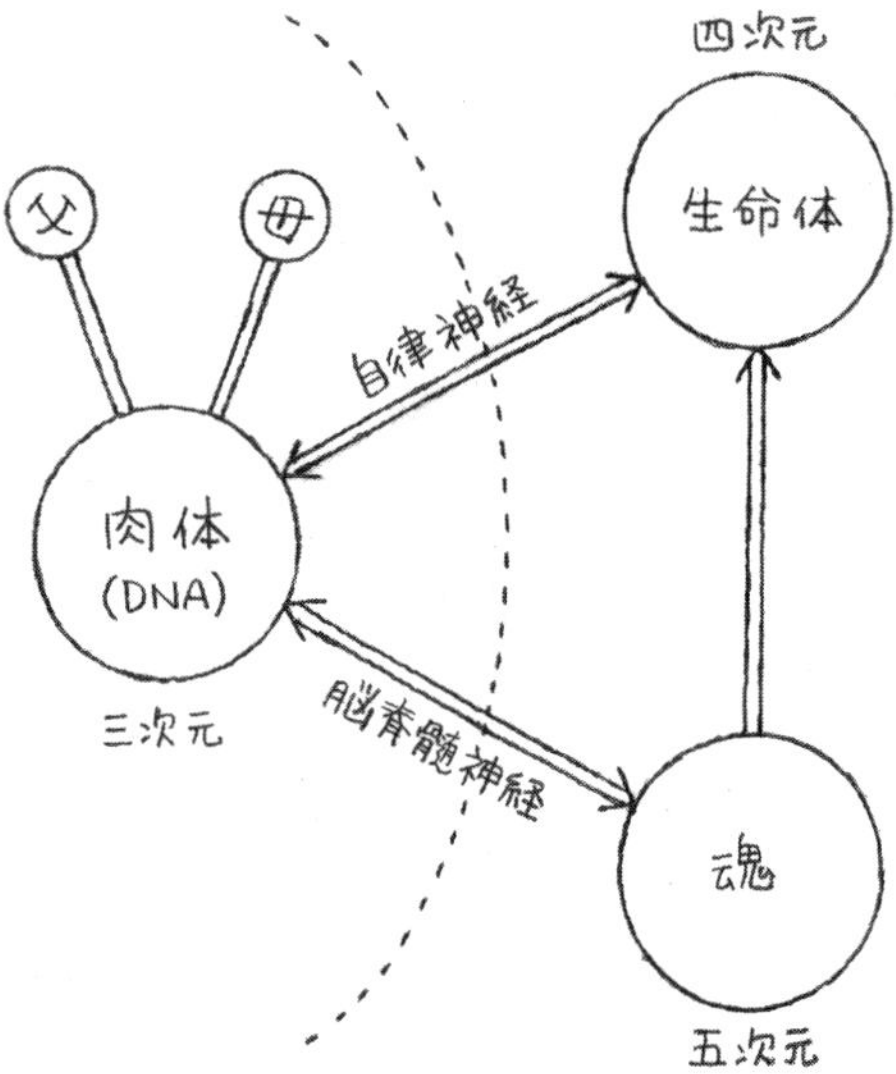

一方、あなたの魂は、脳・脊髄神経（動物性神経）を経由して各機能に働きかけ、肉体のうごき（手足のうごきなど）をコントロールする運転手の機能をもっています。

自律神経より脳・脊髄神経のほうが優位です。たとえば、自律神経がバランスを崩して、こころが病んでアンバランスになり、肉体的に症状が出ている時でも、魂は常に輝き、人生のシナリオを実行しようとしています。脳・脊髄神経は、人生をイキイキ、ワクワクして楽しむエネルギーを肉体に伝え、自律神経の立てなおしにも、ひと役買っています。

あなたは、「もともと完璧、いま最高！」の自分をいつも思い出すことによって、自らのこころの欠陥も修復することができるのです。

3　三位一体はどのようにハーモニーを奏でますか？

肉体と生命体と魂の関係を理解するために、映写機（プロジェクター）を想像してみてください。魂は映写機の光源です。生命体はフィルム（映像データ）です。肉体はスクリーンです。三次元の現象を五官で感じています。

生命体のフィルムに乱れや傷や汚れがあると、その魂の光源から発せられた光はゆがんでしまいます。このゆがみは、あなたの健康状態や人間関係、仕事・金銭関係のいずれかの不調として、その姿がスクリーンに映し出されます。

わたしたちは、スクリーンに映し出された映像（あなたの姿や人間関係など）を現実だと思ってしまいます。しかし、その映像はあなたの生命体というフィルムを通して見えているものであり、実体ではありません。その映像は幻想です。

現実は、あなたの思いがつくっています。すべては幻想なのですが、思いがその

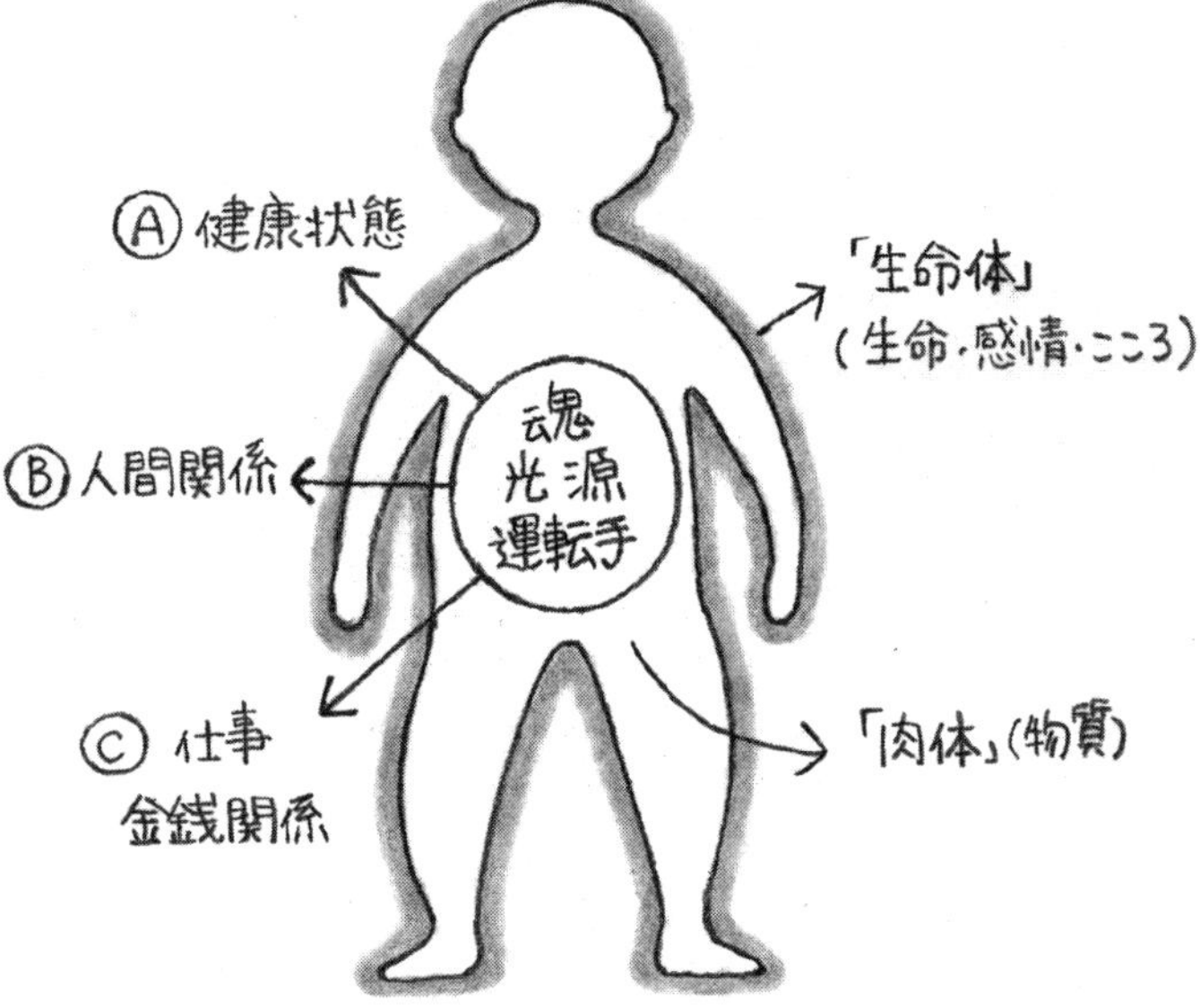

Ⓐ 健康状態
「生命体」
（生命・感情・こころ）
魂
光 源
運転手
Ⓑ 人間関係
Ⓒ 仕事
金銭関係
「肉体」（物質）

人の現実になっていることは、たしかなことです。三次元のこの世を五次元の魂の世界からの眺めると、あなたは「あなたが思うものを見ている」「あなたが見たいように見ている」ということがわかります。目の前にイヤな人が現れたなら、それはあなたがつくり上げた幻想です。イヤと思うのは、その現象が悪いものだと判断しているあなたの問題です。良いも悪いもないのがこの世界です。わたしたちが悪だと評価を下すことがさらに悪を増やすことになります。暴力を悪とする社会は、ますます善悪を分けていくことになります。

もしあなたがどう見ても悪だと感じるなら、それはあなたにさらに進化してほしいために、わざわざ光の存在（魂）が様相を変えて現れているのです。悪者をつくっているのは自分の問題、悪さをされるのも自分の問題ととらえることができるようになれば、すべてがニュートラルになっていきます。どんな人も本質は光であり、はじめから悪人やあなたをいじめたり困らせたりする人は、一人もいません。

あなたの魂は、いじめや暴力の姿などを目の前のあなたに見せて、あの手この手を使って、「すべてはあなたがつくり出している」と気づくようにしています。そのことを自覚することがたいへん重要です。

別の人にはその人を、すてきな人だと見えていることもあります。一〇〇人いると、同じ人を見ても一〇〇通りに見えています。あなたが思い、信じる世界が、現実という幻想をつくっているのです。

あなたの人生は、あなたの生命体であるこころのまま、思いのままにいかようにも変えて生きられるということです。

このフィルムを透明でクリーンな状態を保つことで、あなたは魂が思い描いてきた人生のシナリオを描いていくことができます。魂は、もともと完璧で生まれてきて、いまは最高だと思いながら、楽しんで愛と感謝で生きようとしています。生命体がクリーンになり、魂が快く運転できるようになることで、三つは一体となり、魂の思い通りの現実を生み出しつづけることができるのです。

4　三位一体があわさったものが自分という意識なのですね？

はい、その通りです。

あなたは、肉体と生命体と魂の三つがあわさった、三位一体の統合体です。それが、わたしたちが一般的に呼んでいる「わたし」「自分」「あなた」という存在です。「肉体＋生命体」に魂が入って初めて、あなたという存在になります。「肉体＋生命体」だけでは、いわば植物の状態です。ここで「植物」とは、植物のようにうごかないということではなくて、植物性機能だけが働いていて、動物性機能が働いていない状態です。一般的にこの世で何かのアクシデントで倒れ、「意識が戻らない」「意識がない」といわれている状態です。そこに運転手である魂が入ることで、自分に目覚めることができます。

わたしたち人間の生命体と魂のエネルギー比は、それぞれ五〇％ずつと一般的にいわれています。この二つの意識が合体して人間としての活動が繰りひろげられています。生命体意識と魂意識のあわさった意識が、あなたの意識です。本書で「意識」と書く時は、この統合体としてのあなたの意識のことです。

第5章 そう思うとそうなる

自分の願いと異なる現象が起きるのは、よくあることです。そのような時、あなたはどう思いますか？ 起こったことを前にして「何でこうなったのか？」と、その原因を自分の外側にさがしてしまうことはありませんか？ あなたが見ている現象は、あなたの魂が進化するために、その人やものがわざわざ目の前に現れているだけなのです。

1 波動とは何ですか？

わたしが波動リーディングの経験を積みながらいろいろ分析した結果、「波動の大法則」と呼ぶべきものがあることがわかってきました。それは地球上の人間やあらゆる物質は、波動を発信し、共鳴で成りたっているということです。

　この世の中に存在するすべての物質は、原子によって構成されていて、固有の振動を発信しています。原子核のまわりを回っている電子のうごきです。これを「波動」と呼びます。

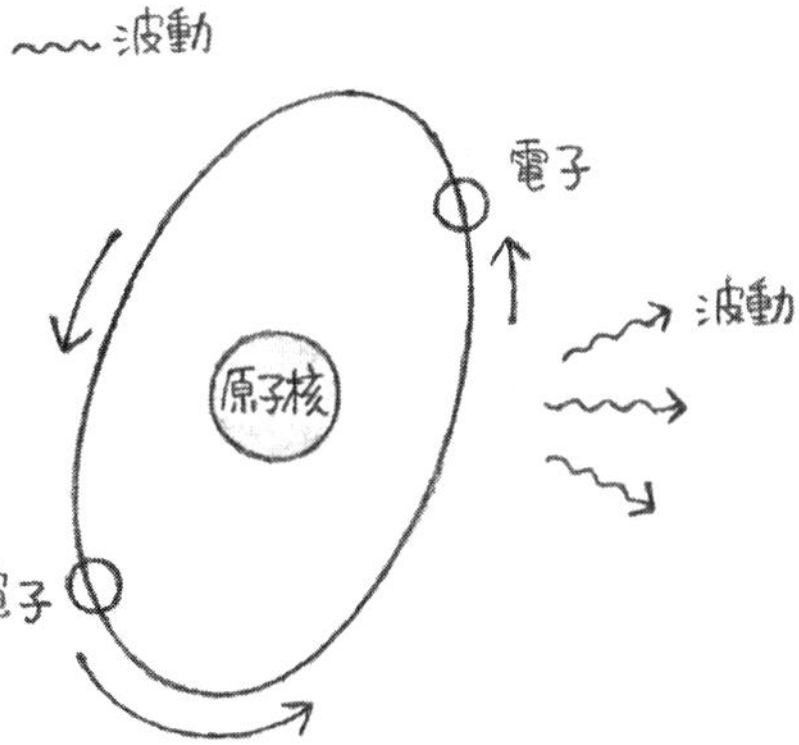

　人間の肉体も物質ですから、あらゆる原子が集まって人間の細胞がつくられています。したがって肉体からも波動が発信されています。肉体は約60兆個の細胞（物質）から成りたっています。この肉体と一体となっている生命体は肉体にエネルギーを送りつづけています。

　重要なことは、肉体細胞の波動も生命体の感情・こころの波動も同じ種類の波動であるということです。あなたはお互いに共鳴しあいながら、三位一体として固有の波動を発信しています。

肉体細胞には、胃や腸、肺などそれぞれの機能があり、各部の機能も固有の波動を発信しています。肉体と生命体との間には、波動の受発信によってエネルギーが生命体から肉体へと送られています。すべては、その共鳴によって成りたっています。例えば、肉体の設計図であるＤＮＡの胃の発信によって生命体の胃と共鳴し、受信します。すると生命体からエネルギーが送られ、肉体細胞の胃が形成されます。もし肉体と生命体の間にエゴや我欲によるノイズが入ると波動がゆがみ、肉体の細胞形成に支障をきたし、あなたは胃の不調を感じます。これが一般的に病気と呼ばれています。

あなたが好きな人に向かって思いをはせると、その思いは瞬時にその人に届くのです。

「思いがものに入る」ということを聞かれたことがあると思います。

たとえば、丹精込めて作られた野菜には、つくった人の思いが入り、味などに深みが増しておいしくなります。

野球やサッカーの応援も、強い思いをこめると必ず選手に届いています。共感して一体だと感じるような体験はだれにでもあると思います。これも波動の原理なのです。

すばらしい音色で世界的に有名なストラディバリウスのバイオリンは、製作者の思いがこめられた名器として、受けつがれてきています。同じ材料、同じ形をまねてつくっても、同じ音色が出ないのは、こめられている思い（意識）が違うからです。

あなたが赤ちゃんの時にずっと大事にしていたぬいぐるみは、幼いころからの思いが詰まっています。あなたがたいせつにしているお茶碗がなかなか壊れないで長もちしていることも、この波動があるからです。

お母さんのつくったおにぎりが最高においしいのは、お母さんの愛や思いがこめられているからなのです。

コラム

エゴと我欲を魂の進化に生かす

あなたの肉体には、両親とその先祖から受け継いだ欲がDNAのゴミとして付着しています。これは、先祖が解決できなかった「しがらみ」であり、比較・評価の中に生み出された不足感でもあります。これを「エゴ」と呼びます。また、そのエゴを受け継いだあなたの「肉体＋生命体」は、親の教育や社会の環境の中で、この不足感を何とかしようとして、さらに欲を膨らませていきます。この欲を「我欲」と呼んでいます。

エゴと我欲は、あなた（三位一体としてのあなた）の個性になっていますが、同時に、あなたの魂が描いている人生のシナリオをこの世で実現させる上で、障害になることが多く発生します。

魂は、「肉体＋生命体」という車の運転手です。車が、魂の人生シナリオの通りにうごいて進んでくれれば、あなたは心身ともに健康で幸せな人生を送ることができます。ところが、肉体に備わっている五官の機能と生命体のこころが、エゴから派生した我欲によって自分勝手な判断をして暴走してしまいます。「肉体＋生命体」が我欲に没頭すると、「肉体こそがほんとうの自分だ」と思いこみ、お金や名誉、情欲などに対する執着心からさらなる不足感を増幅していきます。魂のシナリオなどすっかり忘れた状態になることもしばしばです。あなたは、魂が完璧に備えてきた知識や技能や知恵を、じゅうぶんに発揮できなくなります。

魂と「肉体＋生命体」のズレが大きくなると、肉体がゆがみ、病気の症状の原因になります。怒りやうらみやにくしみから人間関係を壊すことにもなります。魂がスムーズに運転できなくなり、魂の本来の人生シナリオを実現させることのないまま、この世を去ることになります。

しかしあなたが「もともと完璧であり、不足しているものなんて何もない」と思い出すと、そのズレやゆがみを小さくすることができます。いま、そのままで完璧だと気づいて、いまに感謝することで、不足感は充足感へと変わっていきます。仮に欲望にあふれている時でも「いま、このままでOKなんだ」と気づくことです。その時、肉体のエゴと我欲は一気にゼロポイントに戻り、あなたの肉体は愛に満たされます。

何を見ても、どんなことが起こっても「もともと完璧、いま最高！」と思ってみましょう。満足している時に「こうなったらいいな」と思ったことは、すべてうまくいき、不足感で「こうならないといけない」と思ったことは、すべてうまくいかなくなります。

魂の本来の願いを実現するためには、不足感をなくすことが条件です。あなたに不可能なことはありません。あなたの可能性は無限大です。自分を信じる力が強いほど、その思いが現実化する確率が高くなります。その力はみんな平等に与えられています。どちらでもOKというゼロの自分になれば、不安感や恐怖感を抱かなくなります。自分の思い通りになります。

2 目の前の現実をどうとらえれば良いのですか？

あなたの魂は、生まれてくる前に人生のシナリオを書いて、「だいたいこういうことをしよう」と決めてきています。生まれたあとも、いまでも「シナリオの通りに生きたい」と思っています。

しかし、あなたの人生が、魂のシナリオの通りになっているとは限りません。自分が起こしているとはとても思えない出来事も多く、「何でこうなったのか？」と原因を自分の外側にさがしてしまいます。でもじつは、見えない世界から見るとまったく逆なのです。ほんとうは、あなたがそう思っているから、外側がそう見えているだけなのです。これらが、あなたの魂が描いている人生のシナリオのじゃまをしてしまっていることに、まず気づきましょう。

第４章で述べた通り、起きている現実は一〇〇％、あなたがつくり出した現象であり、良いも悪いもなく、あなたが思った通りになっているものです。目の前にいる人の姿は、自分の中の映像にすぎません。「しないといけない」と思っている現象もすべて、あなたの内面がつくった幻想です。現実はすべて幻想であり、一〇〇人いると一〇〇通りの現実がそこにあります。すべてはそれぞれの幻想であり、その人が見たいように見ているのです。

あなたは、相手の外側を見たり、相手の言葉を聞いたりして感じていますが、すべては自分が見たいように見て、聞きたいように聞いているのです。あなた自身の内側の思いの反映として、鏡のように外側が見えているということです。自分の信じた通りの現実を見ていますが、その現実はすべて幻想です。

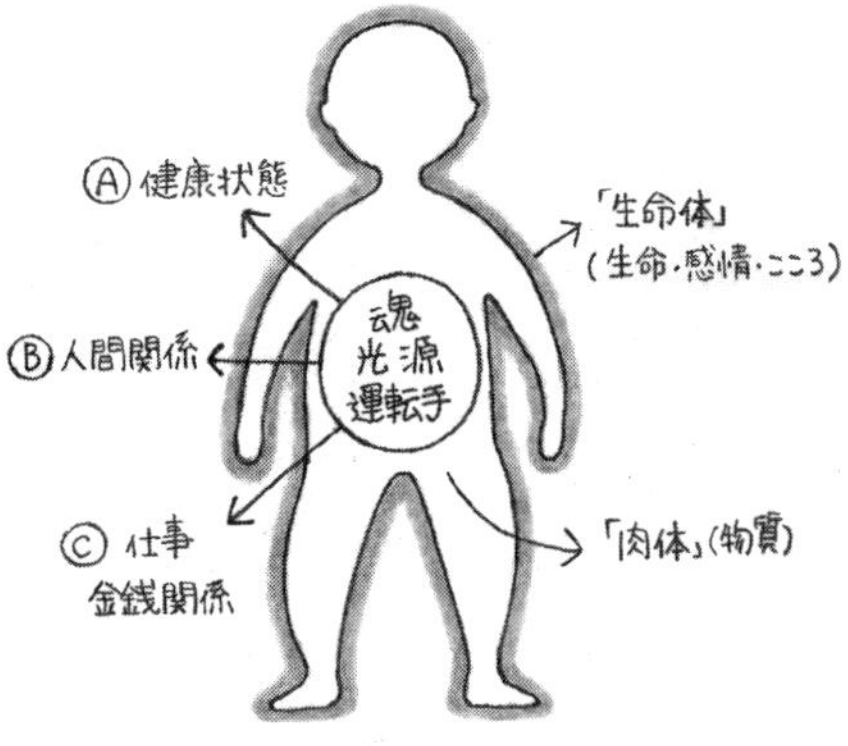

現実をつくっているのはあなたです。一〇〇通りの見方があっても、あなたが信じたものだけを見ているし、見えているのです。つまり、目の前にいるAさんはあなたの生命体のフィルターを通して見たAさんです。あなたがつくり出した幻想のAさんということになります。

たとえばAさんがあなたに対して怒り狂って大声で怒鳴っているとしましょう。

これは、あなたの波動によってＡさんがあなたのためにわざわざ演じているのです。怒り狂ってしまうような波動をあなたが発信していますよというＡさんからのメッセージであるとも言えますね。

イヤなご主人は、奥さんがつくり出したご主人です。そのご主人は、会社では超人気者の部長であったりします。会社では女子社員がつくり出したご主人がいます。絶対的なご主人はこの世には存在しません。だれが見てもご主人はおかしい人だったとしても、それはご主人の実体ではないということです。そう見えている奥さんの思いこみからそうなっているのです。

「あの人がイヤだな」と思う時は、あなたの中にある何か閉じこめているネガティブな思いこみが、鏡のように映し出されて眼の前に現れているということです。

夫婦げんかも同様です。人は、自分が見たいように見ています。自分の信じたように見ています。信じたそのままが、幻想となってあなたの目の前に現れているだけなのです。

けんかをしている時、あなたの目の前に映るご主人の姿はすべて、あなたがもっているネガティブ感情が映されたものです。「ああ、これはわたしなんだ」と、い

まのありのままのご主人の姿を受けいれてみましょう。

「あいつ、ちょっとおかしいよ」と思う時でも、いっさい一〇〇%、人のせいではないということです。そう思ってしまうあなたがおかしいよという魂からのお知らせです。あなたが交わるすべての人は、あなたがつくり出した人なのです。目の前の人は、あなたのためにわざわざ演じているのです。それは、あなたに、「あなたがつくり出しているのだ」ということを気づいてほしいからです。すべてはあなたを進化へと導くためです。あなたの思いが変わると現実も変わるのです。

神社の正面に置かれている鏡に、三位一体の自分の魂が映ります。「映った時に自分の魂とのズレを感じます。神の光によって、そのズレが清められ、生命体がクリアになる」といわれています。あなたの目の前の人は、神社の鏡と同じです。「人は鏡」（目の前の人はあなたの鏡）というのは、この意味なのです。

映写機でたとえると光源（魂の思い）がフィルム（生命体・こころ・感情・感覚など）を通して、スクリーン（現実）に映し出されているということです。このフィルムがクリーンアップされて、生命体が魂の意のままになれば、スクリーンを通して映し出される現実も魂の思い通りになるということです。正しいとか間違いとかではなく、現実はあなたの内側そのものの表現なのです。「そうだ、すべては自分の内面の世界が映っているだけだ」と一度、思い定めてみてください。現実だと思っていることはすべてが、あなたのつくった幻想だということがわかります。

3　目の前の現象や相手を変えようとしてはいけないのですか？

あなたの目の前のどんな現象も、あなたの魂と生命体が進化するために現れています。どんなにイヤなことをされたとしても、初めからあなたを不快にさせよう、困らせようとしている人はこの世にはいません。

見たもの、見えるものしか信じない人は、逆に自分の思いがつくった現実を見て、その現実を「何とかしよう」「何とかしないといけない」と思ってしまいます。がんばって現実を変えようとします。がんばらないと自分は変わらないと思ってしまいます。「がんばらない人は何もできない人、ダメな人」という誤った認識をもちます。見えるものしか信じない人は、目の前の現実を自分がつくったなどとは思いもつかないのです。でもほんとうは、思いを変えるだけでいいのです。

たとえば、ご主人を何とか変えようと思っても、そのご主人は幻想です。目の前の人はあなたがつくった幻想です。幻想に向かって何を言っても、幻想は変わりません。ご主人を何とかしようとするなら、自分が変わるしかありません。いま、あなたが、その思いを変えれば良いのです。人はほかの人をコントロールすることは不可能です。

だからあまり人の言うことや為すことには関心をもたずに、「人というのはわたしが見たいように見えているのだ」と思って、放っておけばいいのです。

人の価値観に関心をもっても自分がブレてしまうだけです。いまのありのままに感じとるだけでいいのです。あなたが感じたことは、あなたの魂がもともとわかっていたことを思い出したということです。

どんな人が目の前に現れてきても、すべての人があなたの思いの帰結です。すべてを許していけばいいのです。そうすればあなたのこころは、愛にあふれていきます。許すイコール愛です。そして、すべてのものごとは感謝につながっていきます。

そのことに気づいた瞬間に、あなたの現実は変わり始めます。エゴとエゴとのぶつかりあい、これもＯＫです。これこそがこの三次元の体験です。この体験を通して、あなたはそこに愛を見つけて進化していきます。愛とは、相手のそのままをＯＫし、相手を尊重するということです。

波動の世界から見ると、この世のすべての人たちは魂としてつながっています。ただ肉体が違っているだけで、みんな一緒、一体、ワンネスなのです。どんな人もただ、目に見える肉体の様相を変えているだけです。あなたが、「この世の中に生まれてきたことが良かった」と思える時は、だれを見てもいい人に見える時です。「人は人、みんないまのありのままで最高！」と見えた時、あなたの気持ちはそうとうクリアになっています。

あなたがかけている生命体のフィルターを、ほんとうに透明なものにするということは、見たものをそのままOKしていくことと同じです。思いを変えた瞬間から、あなたの目の前の現実も変わり始めます。

4 いまの現実は思いの通りですか？

人は「こうすべきだ」という価値観をもっている場合、その価値観からはずれている人を見ると「なぜそうしないのだろう」と不快に感じます。すべきことをしない人がいると、その人に対してダメ出しをし、ますます不快を感じるとともにストレスがたまりつづけます。そうなるとその人を自分の範疇《はんちゅう》（テリトリー）から追い出すか、自分が逃げるしかありません。すべては他人のせいとしか思えないからです。

しかし、「すべき」や「しないといけないこと」など、この世には何もありません。それぞれの「したいこと」があるだけです。不快感のほんとうの原因は、あなた自身の価値観です。あなたの価値観というのは生命体のフィルターについた色のことです。

でも、一度身についた価値観はなかなかはずすことができません。「この価値観をはずすと自分もダメになってしまう」と危機感を感じるからです。この一つの価値観を自分にも当てはめ、他人にも当てはめて人は生きています。エゴとエゴのぶつかりあいが起こっています。こういうことが日常的に起きているのです。

あなたの魂は「もともと完璧」です。魂は、あなたに何とか完璧であることを知ってほしいのです。あの手この手を使って完璧であることに気づくための出来事をつくり出しています。この出来事こそがあなたが目の前に展開している現実です。あなたは、あなたが信じた世界を見ています。すべてあなたがつくり出した幻想です。思いを発信した通りになっているのです。もともとあなたには不足しているものは何もありません。あなたのいまの思いを見つめてみるだけでいいのです。目の前に現れる人や現象はすべて、あなたの内側の思いが目の前の人やものに投影されているだけなのです。

あなたは目の前で起きたことを、「ああ、これは自分がやっていることなんだ」という思いで見たり、聞いたりしてください。起こることが起こっているだけであり、その事実だけを見つめ、評価・判断しないことがたいせつです。そのまま、いまのありのままを受けいれてみてください。「いまのありのままでOK」というのは価値観ではなく、それがあなたの愛です。受けいれるごとにあなたの愛が内側からあふれてきます。

どの瞬間もあなたは、完璧でありつづけています。「いま、最高!」です。過去でもなく未来でもなく、「いま、そのまま」で完璧です。いまでない自分になろうとするのは不足感からです。この不足感を何とかしようとすることはさらなる不足感を呼んでしまいます。永遠に満足することはありません。

いまを満足するかどうかは、あなたの「思い」次第なのです。「もともと完璧だ」と思うだけでいいのです。

あなたの思いが変われば、あなたは、思い通りの世界をつくれるのです。人間ってすばらしい存在なのです。

5 いじめもありのままでOKをするのですか?

わたしがこれまで相談に応じてきたいじめられている子の場合を見てみましょ

う。いじめは「する側」と「される側」のどちらが悪いということはなく、おたがいさまです。見えない世界から見るとこの世には良いも悪いもないからです。

いじめられている子Aが、いじめている子Bを生み出しています。子Bにわざわざいじめるように仕向けて発信しているのです。いじめの問題がなかなか解決しない大きな理由の一つは、子Bを悪者にしていることです。

また、子Aの内側は家庭環境が大きく影響しているということもあります。つまり、家庭内で親が、わが子Aに対してダメ出しをつづけていたとします。それは、親がわが子Aに対していじめている状態です。そのことが子Bによるいじめの原点になっています。親が「わが子Aをいじめているのだよ」ということをわかってもらうために、目の前に子Bが現れているともいえます。親が子どもを比較・評価して、親の思った通りにコントロールしようとすると、その反動で子どもが無気力になり、いじめられたり、不登校になったりすることが多く見られます。

子どもの性格は、家庭内での両親との関係性からつくられます。両親からずーっとダメ出しをされ、叱られたりしていると、いじめられる子どもになることは、いままでの経験からすごく多いものです。

そのことを親が自覚するだけで翌日からいじめられなくなったというケースを、いままでわたしはたくさん見ています。

また、子Aがいじめを受信して、「自分が悪からいじめられるんだ」と思っていると、いじめつづけられることになります。「子Bは演じているだけだ」と気づいたり、子Aが「自分が悪いのではない」と思うように気持ちを変えると、次の日から激変し、いじめにあうことがなくなることも少なくありません。子Bがその子に近寄ることさえなくなります。子Aのいわゆる生命体（生命、こころ、感情）の汚れの何かがクリアになり性格が変化し、いじめている子と共鳴しなくなるのです。

子Ａが自分のことをダメ出しをしなくなるには、子Ａの親がいま、そのままのわが子を許し、ＯＫしていくことが解決のベストです。

　また一方で、子Ｂの親は、わが子Ｂに対して厳しすぎて、すぐにイライラする子に育ててしまっています。子Ｂが子Ａに対して、親からされているのと同じように、そのイライラをこんどは子Ａにぶつけてしまっているということもあります。それは閉じこめた意識の解放です。いじめる側の親もわが子ＢをそのままＯＫすることがベストの解決となります。

第6章

発信と受信

1 「発信する」とはどのような状態ですか？

あらゆる物質を構成する物質である原子は、原子核と電子で成りたっています。原子核のまわりを、電子は左回りで自転しながら、左回りで公転しています。太陽のまわりを回っている地球の自転と公転も、同じ左回りです。

原子、分子、細胞、肉体、生命体、魂、地球、宇宙のうごきはすべてフラクタル（相似形）なのです。

発信するということは、原子が左回転になっているということです。わたしたち

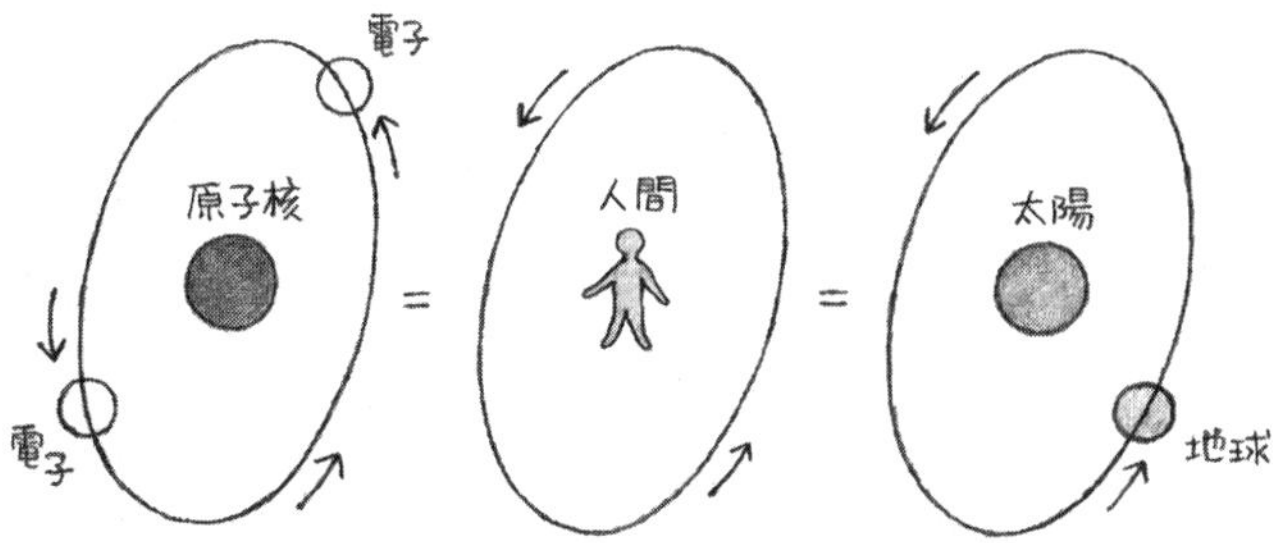

宇宙の法則＝フラクタル（相似形）

人間も生きている限り、左回りで発信をつづけています。ひたすら発信していて、発信に見あって共鳴したことを受信することになっています。人も物質も、「発信することしか脳がない」「一方的に発信しているだけ」ということです。「発信することが自分を生きること」と言っても過言ではありません。

ところが昨今、わたしたちの生き方が社会の環境などによって、右回りになりがちです。宇宙の法則の逆、受信中心の生き方になり発信がおろそかになっています。受信とは、ほしいという欲求であり、いわゆる我欲を増幅している社会です。

つまり、先に受けとろうとするので、ほんとうのあなたを表現しないまま、不足感だけが増大して、奪いあいや競争の比重が高まっています。

愛してほしい、評価してほしい、認めてほしいなどは、すべて受信行為です。

好きなことして楽しんでいる状態は、一〇〇%発信です。「いま、最高！」と大いに発信していきましょう。

2 どのようにすれば受信できるのですか？

あなたは、発信したことしか受けとることができません。この世の中は共鳴で成りたっています。

世の中のあらゆる物質が発信する波動は、お互いに共鳴したもののみを受けとっています。そしてお互いの波動が共鳴した時、受信したということになります。言い換えれば、発信しないものは受けとりようがありません。自分に振りかかっていることはすべて、あなたが発信した結果だということです。

この共鳴の原理は、わたしたちが日常使っている携帯電話の原理も同じです。あなたの携帯電話がＯＦＦの時は、電話はかかってきません。ＯＮの時、携帯電話は、いつも固有の電波を発信しています。電話がかかってくるのは、発信している電波

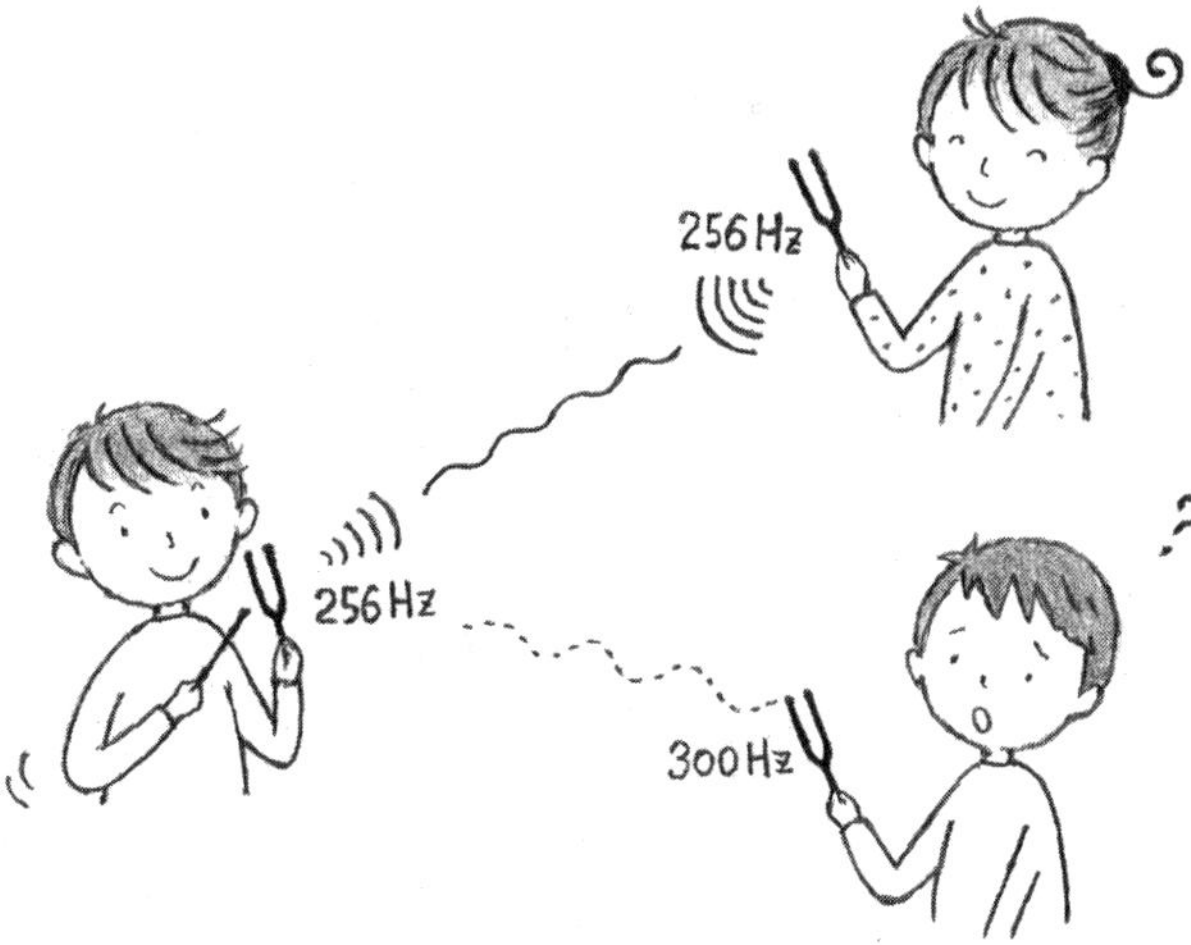

に共鳴した電波を受信する状態です。

音叉《おんさ》の例でいうと、２５６Ｈｚの周波数の音叉をたたくと、10メートル離れてもってい る同じ周波数の音叉に共鳴し音が響きます。ところが周波数が異なる３００Ｈｚの音叉をもっている場合は何も共鳴せず、響かないのです。

この三次元に存在しているものは、お互いに発信しあって、共鳴したものを受信してい ます。このことは量子物理学ではすでに証明されています。「ひと目会ったその日から恋の花咲くこともある」という名文句がはやったこともありました。これがまさに共鳴です。この世の中はすべて共鳴で成りたってい ます。

あなたは思った通りのことを受けとります。あなたが発信した思いの通りのことを受信するのです。もしあなたが、「もともと完璧、いま最高！」と発信すると、それに見あった最高の展開が最適のタイミングで、あなたにもたらされます。そう思えばそうなる、じつに単純な原理ですね。

あなたがマイナスのエネルギーを飛ばすと、あなたにはマイナスのエネルギーがかえってきてしまいます。自分がブレていたら、ブレた人が目の前に現れます。「どうかなあ？」と心配していると、「どうかなあ」が現実となります。

たとえば、入試の時は不安だらけになるものですが、自分がやってきたことに満足していると、自然とうまくいくようになります。「これだけ勉強したのだから、自分が勉強したところしか出ない！」と思って、試験を受けると、自分が勉強したところだけ出る可能性が高くなります。思いが強ければ一〇〇％そうなります。この世のすべては、「思い」で成りたっています。この単純な原理を知って、活用している人はけっして多くありません。

スポーツでも同じです。練習を楽しみながらやりぬいて、「これだけ練習してきたのだから、だいじょうぶ」と思ってプレイすると、自分の実力以上の力を発揮して大活躍できます。あなたは「もともと完璧」なのですから。

3　いつも発信が先で、受信があとですか？

はい。自分に必要な情報をつかまえるには、まず発信することです。あなたは、発信した情報に共鳴したものをとりこむこと（受信）ができます。発信しないと受けとれませんし、発信に共鳴したことしか受けとれないようになっています。すべての目の前の現実は、自分が発信したから、いま、こうなっているのです。何をどう発信するかだけなのです。

発信してきた思いが、目に見える状態になって、あなたのまわりの人やものごとという環境になったり、お金になったり、健康状態になったりしています。あなたが見ている世界は、あなただけの、世界に一つだけの世界です。「世界に一つだけの花」です。

いまの世の中、たいていの人は発信、つまり愛を表現することが先だということを忘れてしまっています。「教えてほしい」「何々がほしい」などという受信が優先になっています。その根源は「不足感」です。幼少期から、「いまのままではダメだ」と言われつづけ、他人との比較の中で常に不足感をもって、「もっとがんばって、何とかしないといけない」という生き方になっています。

それは現実が先にあるように感じているからです。

先にあなたの思いがあります。先にあなたが思い、信じたものを投げかけて、それに見あったものだけを受けとっています。受信が先だと思っているのは、すべて勘違いです。愛にたとえていえば、愛さないと愛されません。愛してほしいと相手に求めてばかりいても、愛されることはありません。「愛してちょうだい」「評価してちょうだい」「認めてちょうだい」「あれがほしい、これがほしい」と、受信することばかりを願っているうちは、何も受けとることはできません。まず発信をしないと受けとれないことに気づくことがたいせつです。

わたしたちは普通、目の前に起こっている現象を何とかしようとします。でもそれは、あなたの思いがつくった現実です。あなたの思いが帰結しているのです。現実を帰結させた元になっている思いを変えないまま、目の前の現象を何とかしようとすると、さらにもっと何とかしないといけない現実を味わってしまいます。いくらがんばって努力してもがいても、その現実は改善されません。そうすると、不足感がさらに増していき、さらに願いに反した現実がもたらされます。

この悪循環の元になっている思いを、愛と感謝に満ちた満足感に変えて、発信することから始めてみましょう。好循環にする秘訣は、思いを変えるだけのことなのです。

4 発信する時にたいせつなことは何ですか？

発信するというのは、自分の愛を表現することです。愛とはいまそのままの自分を信じ切ることであり、誕生前に蓄えてきた能力を生かして自分を表現することです。「好きで楽しいことを実践し、極めてみよう」と考えて発信することで、あなたが発信する愛は最大になります。そうやって自分を表現できた時、あなたはすごく気持ちがいいと感じるはずです。それだけで、あなたの心身のエネルギーは活発に循環するようになります。

そうやって気持ちよく発信していると、あなたの波動に共振して共鳴した人たちが集まってきます。それぞれがお互いに「いまそのままでＯＫ」と認めあっているコミュニティが育っていきます。

いまを満足するか、しないかはただ単に選択だけです。わたしたちは「もともと完璧」です。いま、足りないものもありません。無限の可能性をもっているのです。わたしたちみんなが、「いま最高！」と感じて発信することは、「愛」そのものです。

あなたはどの瞬間でも、愛に包まれています。宇宙の愛、大自然の愛、両親はじめたくさんの人々の愛……愛に生かされていることに気づきましょう。愛に感謝して、感謝の気持ちを表現することもまた愛です。この宇宙は、愛がめぐり、愛に満ちています。わたしは、この世には愛しかない、最終的には愛しかのこらないと思っています。

逆に「いま、足りていない」と感じて、不足感をもってとる行動は、愛ではなく、我欲です。受信しようとしていることで満たされることはありません。

じつは、感謝して満足感をもって愛を発信するか、不足感の我欲で受信しようとするか……その選択こそが、人生の別れ道なのです。

5 どのように思って発信すれば良いのですか？

1 個性を発揮して輝く存在に

「何を感じ、どう表現するか」ということが、あなたが輝いて生きる世界を築くポイントです。あなたが輝くには、「いま最高！」と思える自分がいま、いるかどうかということがたいせつになります。人はみな、それぞれの本質は光の存在です。地球を照らし、明るく、愛にあふれる平和な世の中にしようと生まれてきています。あなたがもち前の個性を発揮して、その個性を最大限に発揮し、社会のために役に立つ存在になると、あなたは自然に輝いていきます。有名になる、脚光を浴びる、大きなことを成しとげるということではありません。好きなこと、楽しいことだけをしている状態こそ、本来のあなたです。

2 いまのありのままでＯＫ

そのためにはどの瞬間も、「いまのありのままの自分でＯＫ」と、あなたが思っていることがたいせつです。どんな現象が起こっても、良い・悪いを判断しないことです。

すべての原因は、あなたの思いにあります。起こったことは起こったままに見てみましょう。先にも書きましたが、子どもがお茶碗を床に落としても、叱らなくていいということです。子どもが不注意で起こしたのではなく、そうしたからそうなっただけのことです。この世は、起こることが起こっているだけなのです。それをありのままに受けいれることが肝心です。

あなたには本来、過去も未来もなく、「いま」しかありません。ともすれば、過去の失敗の経験やイヤだったことを思い出して悔やんだり、自信がなくて未来もそうなるのではないかと案じて不安になったりしますね。

過去・現在・未来は、左から右へ伸びる一直線であると思うのは幻想です。見えない世界から見ると、三つは円になっています。

未来をずっと眺めていると、うしろから過去が未来と一緒になって追いかけてくる感じになります。過去に不足感があると、未来に満足感のある理想を願ってしまいます。不足感は幻想です。未来の理想は、その幻想からつくられます。過去と思っていることは、いまにすべてが集積されています。結局は、いましかありません。どこまでいっても過去と未来は同じです。いまの思いを変えると、過去も未来も変わります。円を描いては円を消していくと「1点のいま」しかなくなります。

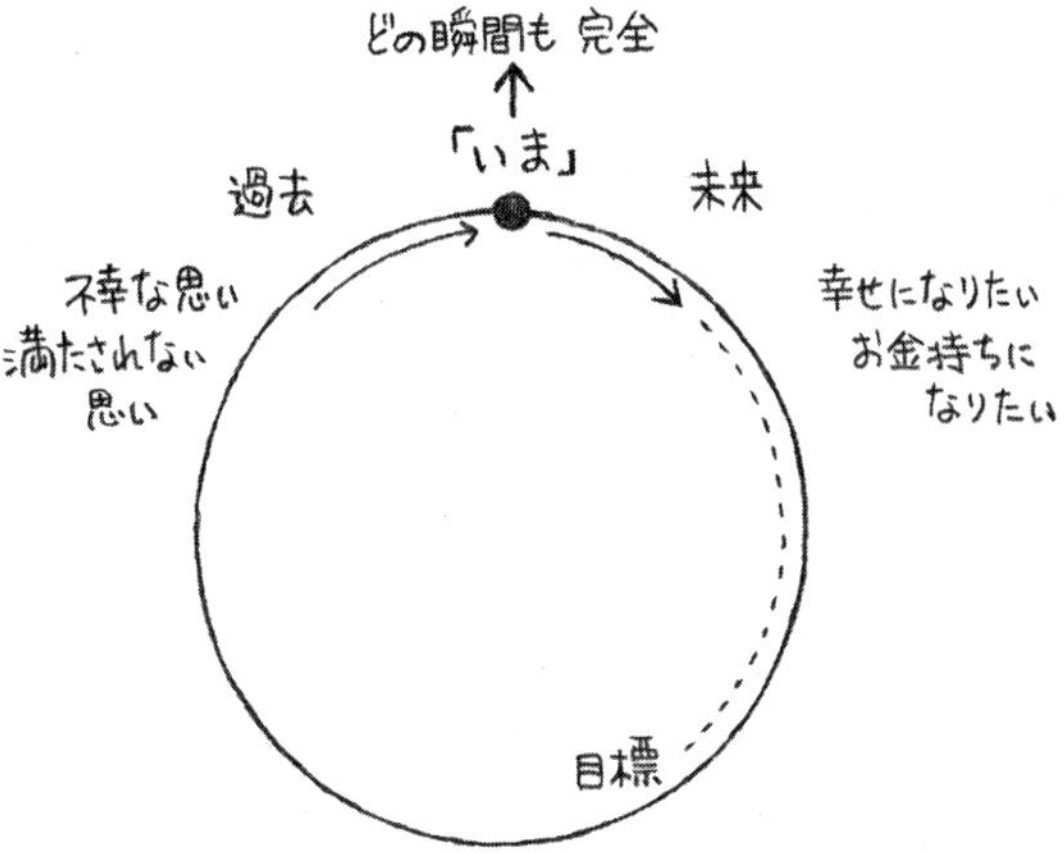

「いま」しかないのです。あなたは、いまを生きるしかありません。「いま、どうありたいか」が人生のすべてです。

　不足感をいだかず、どの瞬間も「いま、このままが最高！」と満足するあなたでいることです。未来への目標を立てる時は、いまに対する不足感をもとに考えるのではなくて、「いま最高！」と満足した上で、愛と感謝の気持ちでさらなる高みを目指

していきましょう。

3 左回転にしてリラックスする

発信するより先に受信しようとすることは我欲であり、生命体の一部が右回転になってしまいます。がんばって発信しようと努力するのではなく、ボーッとしていればいいのです。そうしていると、宇宙の法則通り、自然のうちに左回転に戻り、魂が発信状態になります。それによって、あなたにいま必要な最適な情報を受けとれるようになります。

大自然に順応している植物や動物は、左回転で生きています。そうしている限り、病気にはなりません。人が動植物に癒されるのは、そのためです。きれいな花を見たり、緑の森の中を歩いたりしていると、限りなく左回転に戻っていきます。あなたが、何も考えずに、ボーッとしている時間、あなたは限りなく「もともと完璧」

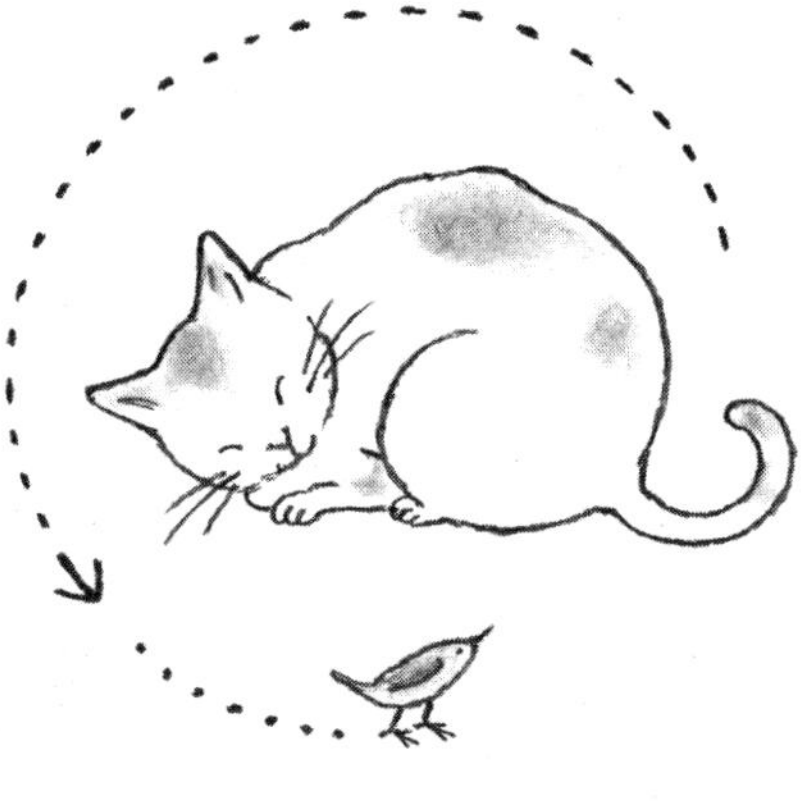

の状態に戻っているということです。森林浴をするとなぜかすっきりしますよね。大自然への感謝の気持ちに包まれてきます。

また、あなたが好きなこと、したいことをして楽しんでいる時、あなたは明るい光、愛のエネルギーを左回転で発信しています。暗い感情や状況は、寄りついてきません。

繰りかえしますが、がんばって発信しようと努力するのではなく、ボーッとしていたら左回転のエネルギーがわき上がり、魂からの発信が表面化してきます。その発信によってあなたにいま必要な情報が向こうからやってきてくれます。

自分が発信したら勝手に入ってくるので、好きなように思っていたらいいのです。リラックスして、宇宙に身を委ねていれば良いということです。「もともと完璧」な光を発信しようと思っているのにもかかわらず、外側から知識を入れるとスムーズな発信に障害が起こります。勉強して知識を得ようとするのではなく、もともと知っていることを思い出しているのだという思いで勉強していくと、さらに効果的

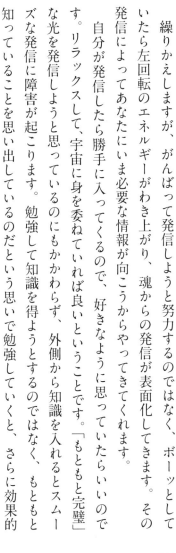

に生涯の宝にすることができます。

4 知識や知恵を思い出して表現しようとする

あなたは「もともと完璧」で生まれ、この世でしたいことのすべての知識と技能と知恵は魂が備えて生まれてきています。この世ではその能力を出すだけなのです。ところが学校などで勉強して、不要な知識を詰めこむとその分、奥にしまい込まれ、もともとの能力が発揮でいないという現象が起こっています。

勉強したい人が、難しいことや高度な知識を思い出す場として学校があるのです。勉強したくないのに何とかしようとして学校にいくのは、あなたの魂の願いではありません。我欲であり、見栄や権威欲を増幅し、宇宙とは逆のますます右回転の自分をつくることになってしまいます。あなたがしたいことができる学校であれば、何も無理に勉強しなくても入れるようになっているのです。

学校生活も「もっともっと楽で楽しく！」が魂の願いです。

学術書など難しい本を読もうとするのは、自分が知っていたことを思い出すためです。自分の感覚的に好きな科目は、「もともと完璧」な自分が知っていたのを思い出していることなので、がんばらなくてもスイスイと頭に入っていきます。

5 自信をもつこと

あなたが発信するには、自信をもってすることが必要です。いまを全肯定して、自分を信じ切っていることです。自分を信じる力が大きいほど、より強く発信することができます。楽しいことを発信していると、楽しいことがやってきます。あなたが、自分を一〇〇％信じることができると、不可能なことはありません。あなたの全身の数十兆個の細胞は、「もともと完璧だ」ということを記憶しています。あなたの確信をよろこんで、その確信に答えてくれます。あなたの思った通りの現実に、自然になっていきます。

あなたは、人に認めてもらうために生きているのではありません。あなたは、魂が好きなことをして楽しんで、「いま最高！」と思っていてください。表現するこ

とによろこびを感じることです。それが人生のすべてです。人は魂が歓喜して楽しむために生まれてきたのです。

よろこびにあふれていると、あなたが発信しているよろこびの波動が、さらに大きなよろこびを呼んできてくれます。

勢いよく左回転しているコマをイメージしてみましょう。「もともと完璧、いま最高！」「人生は楽しむためにある」という自分が心底楽しめる1本の自分軸をもつことです。軸が2本あるとコマは回らずに、こけてしまいますね。他人軸は不要であり、有害でさえあります。

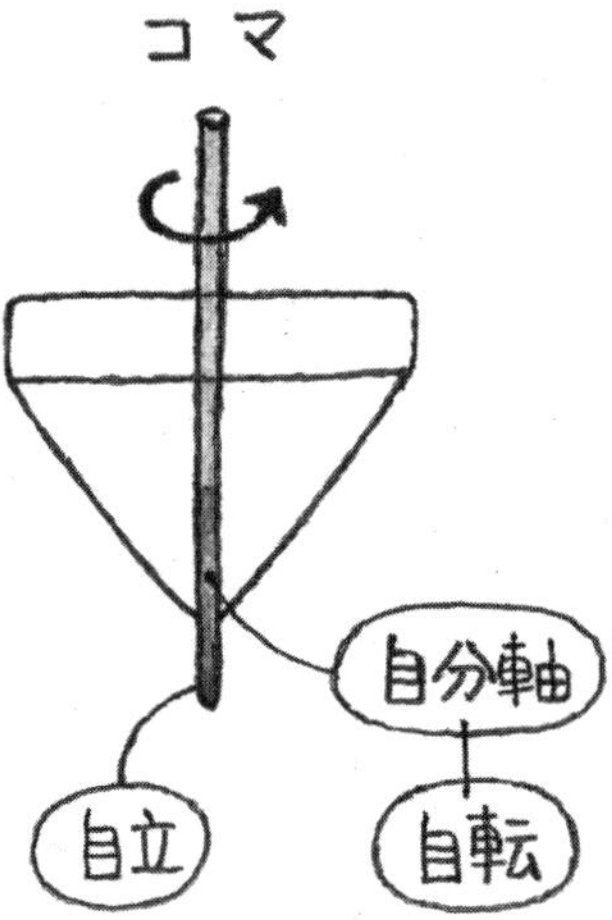

6 直観をたいせつに生きる

あなたはもともと、あなただけの個性をもって生まれてきています。あなたらしさを発揮して、この舞台であなたならではの人生のシナリオを主演していくのです。そのありようは、人それぞれ三六〇度、向かっている方向が違っています。世界の人口分の方向があります。どの方向でもOKです。大事なのは、それぞれの個性が生かされていることです。

あなたが自分の個性をたいせつに思い、この社会でイキイキと発信していくと宇宙から思いっ切り強い追い風が吹き、あなたの味方になってくれます。「こうしたい。これをやりたい！」と思ったら、周囲に宣言してください。明るく前向きな発信をしていれば、必ずうまくいきます。やりたいこと、成しとげたいことがあるから、あなたはこの世に生まれてきたのです。あなた自身を、あなたの魂を信じてあげてください。

あなたが発する波動は、あなたが感じることを信じることで、強くなっていきます。ほかの人を信じるのではなくて、自分を信じ切るのです。「ああそうだな」と直観的に感じたことが自分です。それをすぐに言葉や行動で表現してみましょう。感じたことは、あなたの魂の声です。感じたことをそのまま実行すると魂がよろこび、ものごとは理想的に実現していきます。あれこれと思考していると、現実のエゴや我欲によって、判断がゆがんでしまうのは、良い・悪いの判断をするからです。たとえば、ある映画を「いま観たい」と直観的に感じたら、すぐに出かけましょう。「いまは時間がない」「映画館は遠い」「来週にしよう」などと考えないことです。直観のままに即行動すればいいのです。

たとえば、あなたが南を向いて信じているのに、東を向いている人の意見を聞いて信じてしまうと、南向きから東寄りにブレます。自分を生きられなくなってしまいます。ほかの人を信じると、相手の個性に影響を受け、自分の個性がゆらいでしまいます。人生のシナリオもゆらいで、違う方向に進んでしまいます。

ほかの人を信じないでいると、自分一人になってしまい、友だちができなくなるのではという心配があるかと思います。ほかの人を信じるというのは、ほかの人の意見を聞かないで良いというのではありません。相手の意見は、まず「そうですね」と受けとめることです。そのまま、いまのありのままを尊重しましょう。そのあとで「わたしはこう思います」という意見を発信すればいいのです。

「みんな違ってみんないい」 これが最高ですね。

また、ほかの人と比較して自分にダメ出ししている気持ちで発信しても、魂も生命体も進化しはしません。自分自身が未来に対して一％でも不安を思ったり、恐怖を感じたりしてしまうと、その通りの現実の失敗がつくられることになります。

人間が不安や恐怖の思いをもつのは、「いま足りないから」と自分にダメ出ししているからです。「がんばるとできる」と思ってがんばります。「どうしても何とかしてその不足を埋めよう」と思ってとり組みます。その思いをいくら発信しても始まりません。発信したことしか受けとらないのですから。

あなたは人と比較することで、ますます不足を感じてしまうということがありませんか？　そうしているうちに、さらに自分にダメ出しをしてしまう出来事に出会い、さらにますます自分にダメ出しをすることになります。どの瞬間も「いま最高！」を忘れないことがたいせつです。

自分が発信する時に、エゴや我欲で発信しないこともたいせつです。感じたことを判断せず表現するだけです。相手をコントロールしようと思わないことです。直観のままにうまく発信できてこそ自分です。意識がクリアになるほど直観力もクリアになります。

いま、そのままで最高なのです。「もともと完璧、いま最高！」という言葉を思い出して唱えつづけてください。そうするとあなたの全身の細胞が「もともと完璧」という記憶を思い出すようになります。あなたの意識は、いつもずっとそう思っているると、魂にどんどん近づけることになります。思った通りの現実を得られるようになります。

6 日本とフランスの教育の違いは何ですか？

日本人は、自信をもって発信する人をわがままな人だと感じたり、いきすぎた謙遜をしたりしてしまいがちです。みんなと一緒が良いという空気が流れています。

一方、海外、特にわたしが暮らしていたフランスでは、「自己主張こそが第一にたいせつ」という教育がなされています。学校でも職場でも「あなたはどう思うのか」と、それぞれの意見がまず尊重されます。みんな意見を平等に出しあって、聞きおえたあとで、自分の意見を変えるのも美徳とされています。

魂は、自己主張を重んじるフランス流をよろこびとしています。

7 令和の水瓶座の時代は、どのような発信がベストですか？

1 いままでと水瓶座の時代の対比をご覧ください。

	いままで	水瓶座の時代
①	努力する･苦労する	楽しむ･したいことをする
②	組織でうごく（依存）	自立･自営
③	目標をもつ	いまを生きる
④	比較･評価	個人のそのままを尊重
⑤	地位･名誉でうごく	天職･個性
⑥	まねをする	独自性のアピール
⑦	ルールに従う	自由に感じる
⑧	お金を貯める	お金を使う

2　お金もエネルギー

お金は紙や金属ですが、お金の本質はエネルギーです。お金を発信するとは、使うこと、施すこと（プレゼントや寄付）です。発信しないと受信できないのは、お金も同じです。お金も使うと入ってきます。たいせつなのは、使う時の動機や目的です。お金にあなたの愛と感謝をのせて、こころをワクワクさせて、思い切って勢いよく使うと仲間を連れてその金額の何倍にもなって戻ってきます。

逆にお金を増やすことを目的にしてもうけようとすることは、受信を考えていることと同じです。もうけを目的にして始めたことは、必ずうまくいかないようになっています。宇宙の法則と逆回転だからです。一時的に入ってもそのお金はすぐに、仲間を連れて逃げていきます。

たいせつなことなので繰りかえします。お金はエネルギー、波動です。楽しんで愛と感謝の気持ちをのせて気前よく大きく使いましょう。

3　水瓶時代の働き方

あなたは何のために仕事をしていますか？

「楽しい」と感じて、また、「したい」と感じて仕事をしている人は、多くないようです。ほとんどの人は「お金のため、生きるため、生きのこるため」という答えがかえってきます。「生活のため、家族のしあわせのためなら、イヤなことでもしなければならない」と考えています。こうした働き方はすべて、宇宙の法則に反しています。しあわせを感じることはできません。苦しいだけです。

あなたは、イヤなことをするために生まれてきたのではありません。人生の日々を一〇〇%楽しむために生まれてきたのです。

そうです。まず自分なのです。

いままであなたが抱いてきた思いは、既製の社会という外側に対して何ととかしようとするチャレンジでした。がんばっても何も変わりません。見えているのは幻想なのですから。自分の外側である社会は、あなたの思いによって変わるのです。

これからは、自分が社会をこうしたい、あしたいと何とかしようとするのではなくて、あなたの意識を変えて、まず「思いありき」に転換してみることです。あなたの思いが社会を変えていきます。目の前のイヤな人やものごとを何とかしようとするのではなく、そう思っているあなたが、自分の思いを変えればいいのです。

そうすれば、あなたの思った通りの世界にあなたの魂は行こうとして開いていき、楽々と望んだようになっていきます。

いま、地球は水瓶座の時代に入り、大きく変わろうとしています。

いままでは、しあわせを得ようと勉強も仕事もがんばりました。入学試験を戦い、卒業したと思ったら、すぐまた入社試験と戦い、やっと入った会社でも昇格争いに身体を張ってやってきました。

でもこれは、世の中がそうすることが普通だからそうしてきただけのことです。選択肢はほかにもあります。たとえば、サッカー選手になりたいと強く思うとそうなれるし、歌手になりたいと思ったらうまく歌えるようなあなたになります。そう思うということはすでにその能力を秘めてきたということなので、思いは必ず叶います。そのときに重要なのはそれをしていて楽しいか、楽しくないかです。「したい」と思ったけれども楽しくなかったら次の選択をしてください。いままでの生き方が正しいわけではありません。過去がそうだったからこれからもそうだということもありません。

過去があって未来があるわけではありません。いましかありません。いま、あなたが変わると、未来は変わっていきます。

あなたは「もともと完璧」です。能力も無限です。すべては自分です。いまのありのままの自分、「いま、そのままで最高！」です。いま、あなたがそう思うとそうなるのです。

第7章 魂は何度も生まれ変わる

あなたは輪廻転生《りんねてんせい》を信じますか。わたしは確信しています。輪廻転生とは、人が何度も生死を繰りかえしながら生まれ変わることです。輪廻は車輪が回る様子で、転生は生まれ変わることを意味しています。正確には生まれ変わるのは魂です。魂は永遠の存在です。

1 わたしはどこから来て、どのようにして生まれてきて、やがてどこへ旅立つのですか?

人はどうしてこの世に生まれてきたのか? 諸説いろいろありますが、「生まれた

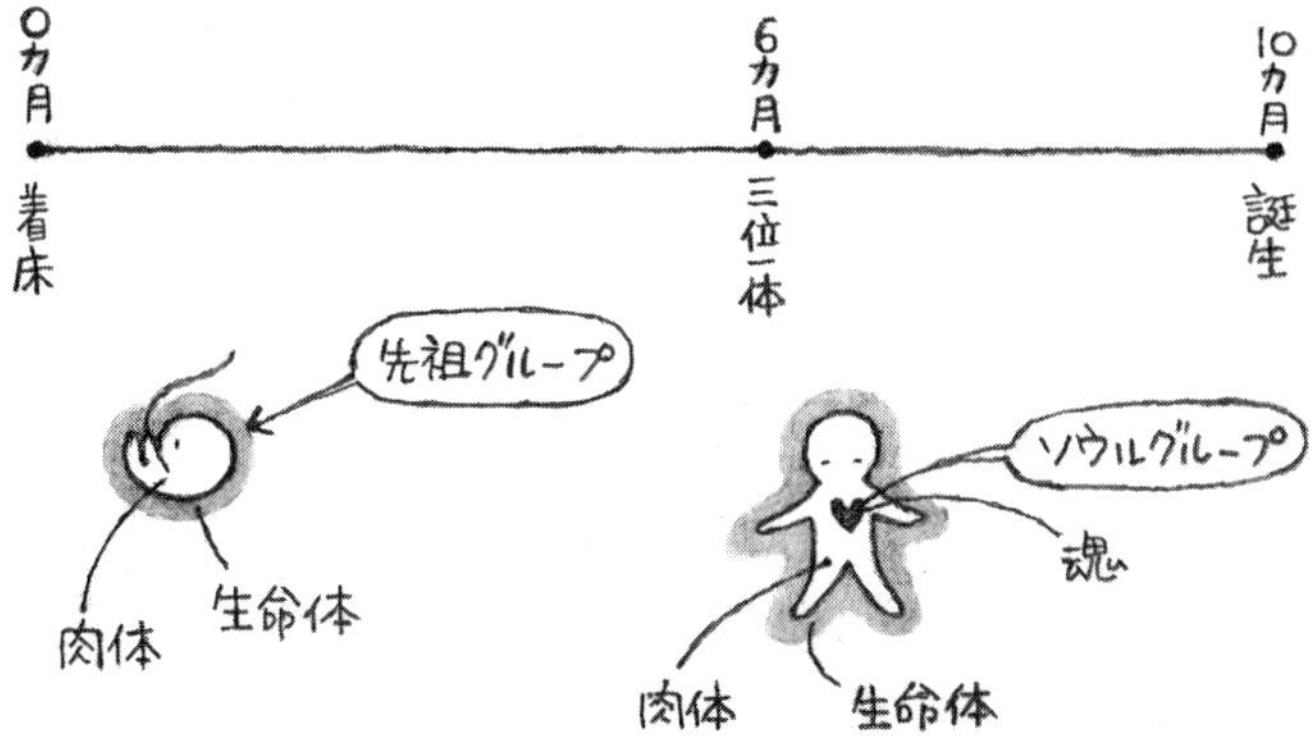

い」と意思表示して生まれてきたことは、たしかです。その意思を表示したあなたを「魂」と呼びます。あなたの魂は永遠の存在です。魂の根源は宇宙の星であり、それぞれに出身の星があります。太陽系やオリオン系、プレアデス系などであるといわれています。

輪廻転生のプロセスをご説明しましょう。

《着床》

1　両親によって新しい肉体（ＤＮＡ）がつくられた瞬間に、四次元に存在している両親の先祖グループから生命体が降ろされます。

この生命体は「肉体の鋳型」といわれているように、肉体と表裏一体をなしています。

生命体のエネルギーによって、胎児が子宮

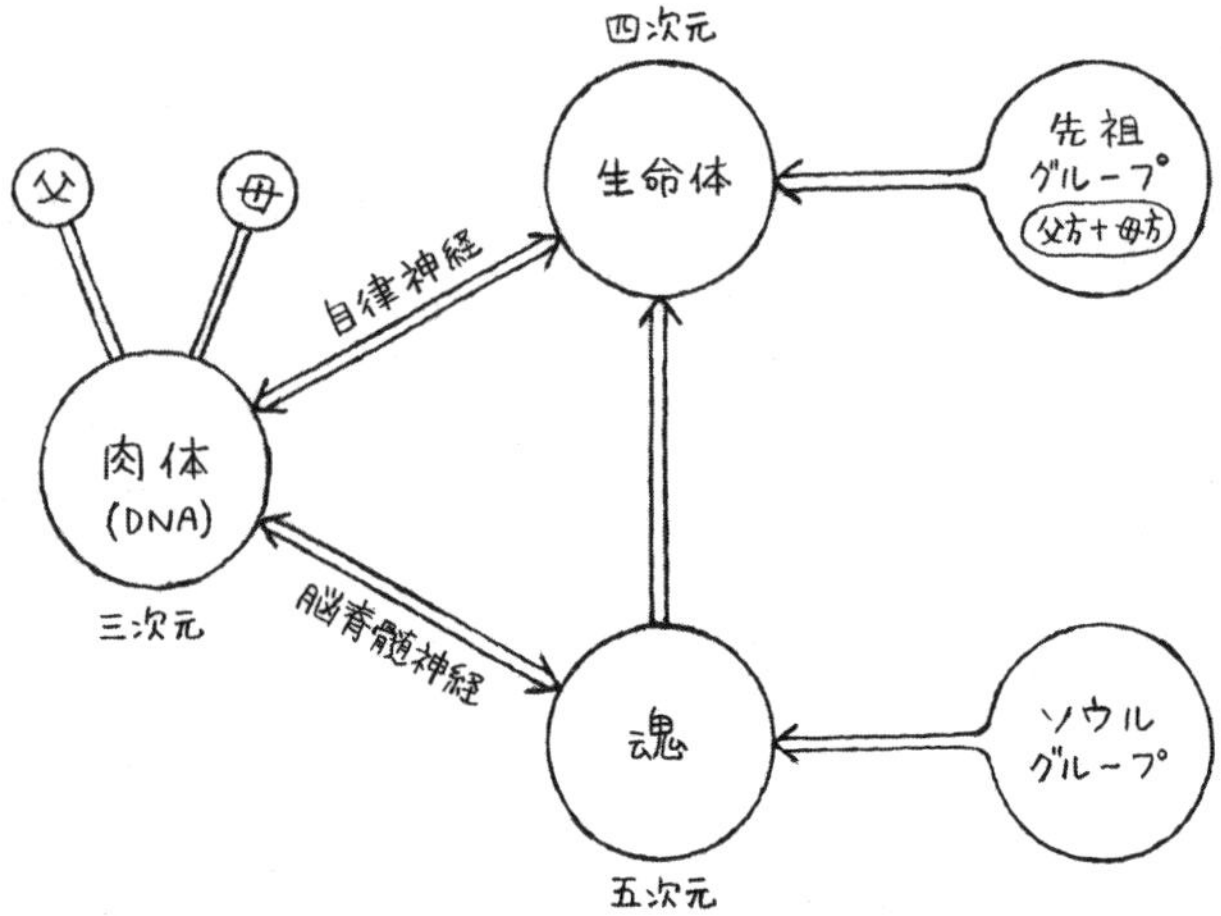

内で成長していきます。それに並行して、血液、リンパ液、細胞は、母体からのエネルギーにより成長します。

この肉体を形成する設計図であるＤＮＡには、両親や先祖の身体的特徴や性格も一部伝承されています。同時に、エゴ的な性格もいくつか伝承され、ＤＮＡに付着するゴミとなって肉体の成長過程で支障をきたす場合もあります。特に妊娠初期段階でのつわりの症状は、この支障の一つです。肉体と生命体の葛藤状態です。この母体の異変は、肉体と生命体の葛藤がある程度、折りあいがつくまでつづきます。

肉体と生命体の一体化が落ち着いたあ

と、魂が降りてくるのを待ちます。魂と、「肉体＋生命体」の折りあいがつかなかった場合や、魂が降りてきてもシナリオ通りに描けないと判断した場合、あるいは先祖グループとの葛藤が背景にある場合には、魂の判断でソウルグループに帰ってしまい、誕生に至らないことがあります。

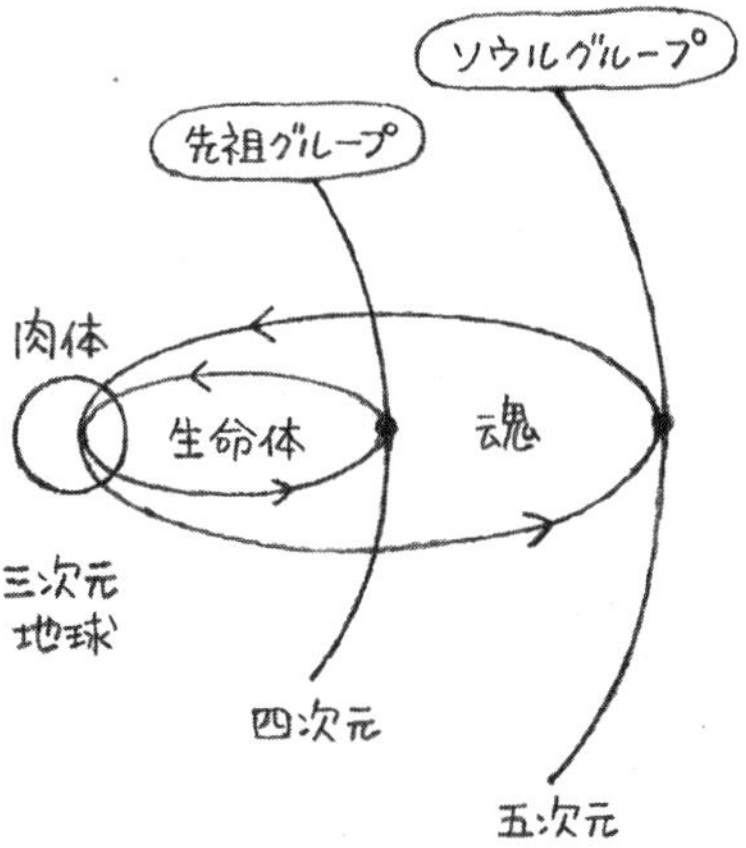

２　一方、地球への誕生を目指して意思表示した魂が集まるソウルグループが五次元にあります。誕生前にはこのソウルグループの魂同士で、知識や技能や知恵などをシェアしています。そこでは、目的や目標がよく似た魂同士が集まっていて、独自の人生のシナリオを実行するために必要なあらゆる情報（知識や技能や知恵など）が共有されています。あなたの魂はこのソウルグループから地球を目指しました。

3　ソウルグループから送り出されたあなたの魂は、自分のしたいことが一〇〇%叶えられると感じる両親をさがします。

6カ月をすぎたころ、あなたの魂は波動の共鳴する両親を地球上に見つけ出します。あなたが譲り受ける予定の肉体に呼びこまれるようにして、魂は胸腺から入ってきて一体になります。この時、肉体も生命体も初めて自分を自覚します。三位一体の活動が始まります。あなたの人生は、この時が始まりです。肉体も生命体も、魂が入ってくるまでは、自分を自覚できません。魂にとって、子宮から眺める三次元のこの世は別世界であり、いよいよ楽しい体験をしようと意気揚々です。

4　ただ、魂が自分で想定していた環境とは大きく異なることもあります。たとえば、両親の不仲で家庭環境がひどいなど、誕生前の予想とあまりにもギャップが大きいことがあります。魂が過度に苦しい人生になることを予感して、人生のシナリオを実行することができないと判断した時は、ソウルグループへ引きかえし、誕生にいたりません。魂は、両親の魂との共鳴、ハーモニーを感じて地球へ降りてくるので、三次元の環境などは知るよしもないため、こういう現実に出会うこともあるのです。

《誕生》

5　ソウルグループからやってきた魂は、「三次元のこの世に生まれて、だいじょうぶ。この肉体でやっていこう」と判断した場合、肉体に入ってきて約4カ月後に誕生します。あなたが声を張り上げて発した「オギャー」は、生まれて初めての発信です。それはあなたが三次元における個の存在として宇宙とつながったことの宣言です。

誕生の時、魂は地球でしたいことをするための知識や技能や知恵を、完璧に備えて転生してきています。あなたの魂は誕生の瞬間からソウルグループにいた時に描いていたあなたの人生のシナリオを、いよいよ実行に移し始めます。

《7歳前後》

6　赤ちゃんは、親の言うことを聞かないと生きていけないという恐怖の感情を抱き、親にしっかり従わなければならないとサバイバルできないと思いこんでいます。3歳くらいまでは両親の手を借りないと、ほとんど自立ができません。母親が運転手になっていて、手とり足とり生き方を教えていきます。魂に運転を譲ってくれない状態です。魂は、人生のシナリオをなかなか実行に移せない状態がつづきます。両親の教え通りにしなければならないことが多すぎて魂はなかなか自立ができません。

7 あなたが7歳くらいになってようやく「自分で何でもできる」と意識し出したころから、魂の出番となります。魂はようやく人生のシナリオの実行にとりかかります。生命体のエネルギーは先祖の思いを背負っています。7歳ごろから、魂の人生シナリオと折りあいをつけながら成長していきます。この気づきから一気に意識レベルが上昇していく人も多いのです。

8 それでも7歳くらいで魂が優位になる人は極少数です。7歳以降も両親の教えが強く影響して、魂が自立できない状態がつづきます。肉体がなかなか魂の思いを聞き入れなくて、肉体のエゴや我欲が優位に立っているからなのです。魂に目覚める年齢がどんどん遅れていきます。多くの人は、魂の存在や魂本来の望みにまったく気づかないまま、生涯を親などの他人の軸で生きてしまうことになります。この親のエゴに従う生き方では、自分への愛を感じることができず、本来もって生まれた魂の知識や技能や知恵を発揮することもできず、不足感のまま肉体の寿命を迎えることになってしまいます。あまりにもったいないことです。

《旅立ち》

９　人生の紆余曲折を経て、あなたの魂が肉体の限界を認識した時、魂は地球を去ることを決めます。たとえ人生のシナリオが完結していなくても、今回の人生のけじめをつけて、魂は肉体から生命体とともに抜けて、逝きます。生命体は先祖グループへ戻り次の転生に備えます。魂は、ソウルグループへと戻ります。これがこの世の死であり、あの世への誕生となります。

10　魂はソウルグループでもう一度地球に転生するかどうかを決めます。転生を決めた魂は地球での体験に基づいて次の転生の準備をします。人生のシナリオが完成するまで、魂は何回も生まれ変わります。あなたの今回の人生も、魂は何回目かの人生を歩いているのです。人によって異なりますが、数回目から二〇〇〇回を超える魂の人もいます。

11 あなたは現世での日常を送る中で、過去世での同じような体験を思い出すことがあります。それは、あなたの魂が、過去世でのすべての体験（行動や感覚）を、きのうの出来事のように鮮明に記憶しているからです。

芸術や科学、スポーツ、産業などのさまざまな分野で、天才といわれる人が出現します。この人たちは、過去世において、同じような分野で修練を積んでいた人たちです。過去世での蓄積があるため、そうではない人と比べて、同じような練習をしても、突出した能力を発揮したり、世界初、世界一といった実績をあげたりします。過去世の経験の蓄積が大きく寄与しているのです。

コラム

ツインソウル

肉体をつくる時、まず陰陽（男女）二つの魂が合体して（ツインソウルと呼ばれている）ソウルグループから送り出されます。そして目指す肉体に入る前には、ふたたび二つに分かれ、それぞれが共鳴する別々の両親をさがします。

ツインソウルは、夫と妻になることも、親子同士になることもあります。地球で出会った時にお互いサポートしあおうと約束しています。この世を去る時期はそれぞれ別ですが、先に亡くなったほうがソウルグループまで戻る途上の中間点で、もう一方の魂が地球を去るのを待っています。やがて、ツインソウルの状態でもと来たソウルグループへと戻ります。

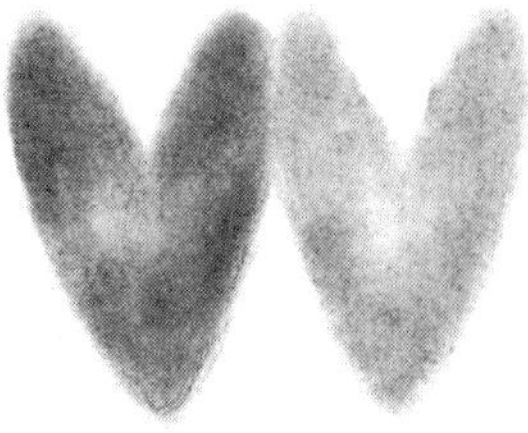

2 魂は何のために生まれてきて、どのように転生への準備をするのですか？

あなたの魂は、宇宙の五次元に存在するソウルグループから送り出され、完璧で光り輝きながらこの地球にやってきました。

あなたの魂は、地球に暮らしているいまでも、ソウルグループと通信しています。地球での新たな体験や情報は、リアルタイムで届くようになっています。

高次元である四次元や五次元は、肉体も感情もなく、物質もありません。同じ波動の魂が共鳴しあっているワンパターンの世界です。比較や評価はなく、対立も競争もありません。波動だけの世界であり、同じ波動同士で共鳴して存在しています。ソウルグループにいる間は、情報交換はできても、進化することはできません。

一方、三次元の現世は物質の世界です。自分よりもすごく意識の高い人と出会って教えられたり、自分とは異なる波動をもっている人と出会って刺激を受けたりして、進化することができます。好きなものと嫌いなもの、良いことと悪いことなど、対立する二極のどちらかを選択することができます。自分と他人のエゴや我欲がぶつかりあいます。そこには限りない発見やよろこびがあります。あなたの魂はそうした体験をしたいために、わざわざこの世の三次元に生まれてきました。

また、あなたの肉体には身体能力による制約があります。それでもあなたの魂は、さらに成長・進化するために、制約があり窮屈な三次元の肉体に入ろうと決心しました。肉体には、五官にともなう五感があり、喜怒哀楽、生老病死があります。エゴや我欲があって、失望の体験もします。瞬時に別の場所に移動することもできません。過去に戻ることも、未来へいくこともできません。まさに「いま・ここ」を生きることで体験し、遊ぶことしかできません。

思いっ切り陰に傾いてから陽に転じるような体験は、感動をもたらします。魂は、「そうしたよろこびを味わうことができるからこそ、意識を高めることができる」と信じて生まれてきています。あなたはこの命のある限り、何でも命がけで体を張って楽しめばいいのです。魂は永遠なのだから、どんなことでも思い切って試したり挑んだりしてください。「いま・ここ」に集中することです。「失敗するのがこわいからやめる」「いまはまだお金がないから待つ」のではなく、「したい！」と感じたら、とにかく、すぐに、してみることです。行動することが肝心です。思ったらすぐに行動してください。

この窮屈な世界を生きながら自ら解き放って、魂がほんとうによろこぶような仕事や暮らしをするということは、三次元でしかできないことです。この世での体験による成長を、四次元（生命体）、五次元（魂）につなげていきましょう。

自分の意識が誕生前の魂のレベルに達した時、魂は真のよろこび、最高の歓喜を感じます。そこまで来ると、魂のもともとのレベルからさらに上位を目指すエネルギーが生まれてきます。かつて経験したことのない知恵や宇宙の法則を見出すことによって、魂はさらに進化していきます。

あなたの肉体は、いつの日か死を迎えます。それはあなたの魂が「この人生の進化はこれでＯＫ」と感じた時です。

第8章

病気は気のせい

病気は「気の病」と書きます。では、その「気」とは何でしょうか。気とは肉体と生命体、さらには魂との情報伝達の流れのことです。病気になるとは、気が病むことです。気が病んだことによって結果として身体が病み、症状が出ることがわかってきています。また、気が病むということは、身体全体の気の流れがところどころで停滞することを意味します。逆に、気の流れが良くなることを「元気」と呼びます。気の流れが生まれた時の元の状態（元の気）に戻ることを意味します。元気な状態はあたりまえであり、普通なのです。でも病気があたりまえの時代となっていることに気づく必要があります。

気の流れが停滞する大きな要因として、わたしたちのこころグセや思いこみがあることもわかってきています。こころグゼとは、目の前で何かの現象を見た時に良いと悪いを分けてきた思考のパターンやわき上がる感情のことであり、「こうでなければいけない」という観念からつくり出されています。

わたしたちは、ほとんどの人が1日中、こころの中で人と比較し、評価して、良いと悪いを分けています。あげくの果てに、自分に対してダメ出しをして、悩み、苦しんでいます。

「この現実を何とかしよう」といつも考えながら生きています。ダメな自分だと判断した悪い面を、何とかして良い理想の自分になろうと日々追い求めています。ほとんどの人がいつも、この欠けているものを何とかして克服し、いまの自分ではない自分で生きようとしています。

そうだ！自分らしく
生きよう

元気だ！
いま
ありのまま

この気の流れの停滞から症状に至るまでの要因を、いままでの体験例からもう少し詳しく見ていきます。

1　人はどうして病気になるのですか？

病気になる主な原因は四つあります。これらは人間関係の問題、金銭や仕事の問題にも通じるものです。

1 不足感（恐怖、怒り）をもっていること

「こうあるべき」や「こうでなくては」という観念をつくり上げ、人に対しても自分に対しても当てはめています。「このままの自分ではダメだ」と思って自分を愛せない状態です。不足感は、恐怖心や怒り、抑圧、心配など、自然のうちに身についたこころグセや思いこみの意識から生まれています。

2 緊張を感じていること

「いまの自分ではない、何かになろう」と無意識に思うと緊張を感じ、それがストレスとなっています。ありのままの状態の正反対になってしまうのです。肉体と生命体（フロントガラス）のあわさったものが車体で、魂が運転手です。

運転手である魂が望ましい方向にすすんでいこうとしているのに、フロントガラスである生命体が曇っていて、肉体がなかなかついてくることができません。肉体と魂の方向にゆがみが生じ、何とかしようとすると緊張を生みます。ストレスが蓄積していきます。

生まれてすぐに始まる両親からの期待や、ほかの人との比較、評価などが大きな原因になります。

3 ミネラルバランスが崩れていること

こころグセや思いこみが自らの体内にある必須ミネラルを毒素に変換していることがわかっています。この毒素によって血液が汚れ、各部位の機能が低下し、症状となって現象化します。たとえば、怒りっぽい性格が体内の鉄分を鉄毒に変換してしまい鉄分不足となります。不足しているからと思って、この鉄分をサプリメントなどで外側から補っても、この鉄分もまたすぐに、鉄毒になってしまい、さらにバランスを崩すことになります。

不足しているミネラルを補っても、あなたのこころグセや思いこみがとれない限り、そのミネラル分はさらに毒素に変換されてしまうことが、波動リーディングでわかってきています。

4 親や先祖からのこころグセ

親や先祖から無意識のうちにバトンタッチしてきたこころグセが肉体の設計図であるDNAに付着し、肉体の機能低下に発展します。あなたは、それを自分の性格だと思いこんでいませんか？　じつは、自分と親の性格はそっくりだと感じている人が多いようです。親から子へ、子から孫へと伝承されて、あなたの家系の中で独特のこころグセとなってうず巻いています。

たとえば先祖から引きついだ「がんこ」な家系では、なかなかその流れを断ち切れません。がんこでいることが本来の自分なのだと勘違いしていることがあります。

意地を張って絶対にこうだと思うことが、本来の自分であるという思いこみです。

伝承されているこころグセとは、肉体DNAに染みついているクセと、誕生後に親との関係性で感じとってしまうクセの二通りあります。生命体はこの二つのクセによって汚れます。

あなたの魂はシナリオ通りの生き方をしようとしているにもかかわらず、こころグセを受けついだ肉体がじゃまをしています。魂が「こっちへいこう」と思っても、肉体が「イヤだ」とがんばるから、肉体と魂にゆがみが起こります。

あなたの肉体が、魂の歩きたい道から脇道に迷いこんで戻ってこなくなった状態が、「病気」なのです。そんな自分にダメ出しをしてしまうのは、あなた自身がかわいそうですね。あなたはもともと病気になるためではなく、代々伝承されてきたこころグセの連鎖を断ち切って、意識をクリアにすることを託されて生まれてきていることも波動リーディングでわかってきています。

脇道に迷いこんでも「これも体験だ」と感じて、そのままの自分をOKしていくとどちらでもOKのゼロに戻り、意識がクリアになります。

2　自然治癒力を上げるにはどうすれば良いのですか？

人は病気になるとその症状が出ているのは悪いことだ、たいへんなことが起こったと思ってしまいます。「悪いから治す」「何とかしないといけない」となります。この世にはもともと良い・悪いという判断はありません。あなたにとって最高のことしか起こっていません。それを悪いことだと勘違いしているだけです。

見えない世界から見ると、そうした起きている現象を何とかしようとすることは、宇宙の法則に反しています。右回転してしまいます（第６章参照）。どんな病気になっても、それは悪いことではなく、気のゆがみにより機能低下が起こり、バランスを崩しているだけなのです。それなのに何とかしようとするので、どんどん二極のどちらかにブレて、さらにこじれていきます。

何もしなくても良いのです。たいせつなことは、自分がいま、この世の二極の世界でおちいりやすい陰と陽のどちらかに傾いていないかを、感じてみることです。イライラしていないか？　怒りっぽくなっていないか？　落ちこみやすくなっていないか？　などなど。すべてはあなたの「思い」から来ていると感じることです。「どちらでもいい世界」を感じてみることです。

何とかしようとしなくても、本来は自然に任せておけば元に戻っていくのです。人間のもっている自然治癒力です。自然治癒力が一〇〇％発揮されると、どんな病気も癒されていきます。

すでに肉体的に重症になっている場合や、事故などによる大けがの場合は、三次元的な修復が必要です。二極のバランスがどちらかにブレすぎて、自然治癒力ではどうしても戻れない場合もあります。肉体のエゴや我欲に満ちた生き方が強すぎて、魂の出番がないまま時間がすぎてしまい、肉体の修復不能な状態におちいることもあります。

あなたは多少症状が強く出ていても、肉体が元に戻っていこうとしている現象だと信じて「いま、ありのままOK！」と見ていればいいのです。何とかしようとすることで、どんどんこじれていきます。何が起こっても、自然のなりゆきに任せておけばいいのです。

3 もともと病気はないのですか？

あなたが症状は悪いものだと判断することで、その症状はさらに悪いほうへと転がっていきます。

病気は良い・悪いを分けてしまっていないようになっています。人間はもともと病気をしないようになっています。あなたのこころと身体はすべてバランスで成りたっています。バランスがくずれて、アンバランスになったために、身体部位のいろいろなところに症状が現れます。何とかしようとすると、さらにアンバランスになり、症状は肥大化してしまいます。

すべては自分の問題として、とらえることです。

人はそれぞれ生きたいように生きているので、あなたの症状を見て、他人は好き勝手に自分の意見を言います。あなたはあなたの人生です。症状を見てどう考えるかはあなたの問題です。他人に意見を求め、さらに恐怖心が増すことが多々あります。「悪性だよ」「たいへんなことになっているな」「もうこのまま放っておいたら1カ月しか命がないよ」と恐怖を与えられると、たった1日でネガティブな意識が増幅し、症状が2倍以上に拡大したこともあります。

その原因はすべて、あなたの気持ちにあるのです。

病気はあなたのこころグセや思いこみが表面化している「単なるお知らせだ」だと思っていると、何もこわいものではなくなります。病気を怖がらないということがすごく重要です。病気は悪いものだと思わないことが、まず大事なのです。

病気は悪いものでも何でもなくて、あなたがあなたらしく生きていない証しです。そう感じることができたなら、自然にバランスがとれていきます。あなた自身の思いでそうなっているのだと、気づくことがたいせつです。

何とかしようと思わないことです。何とかしないといけないと思ったとたんに、「それは悪いものだ」とあなたが思うのと同じことになります。

4　症状が出た時のこころがまえは？

病気を治そう、長寿でいたいというのは、人間としての自然の願いです。身体に何かの症状が現れたとしても、それはあなたが自分でつくったものです。すべては自分であり、自業自得ということです。原因のすべては自分自身にあることに気づくと、解決していきます。それがまさに宇宙の法則であり、人はそのようにつくられているからです。

「いまの自分の状態がありのままでＯＫである」という思いのエネルギーが、あなたの自己治癒力を最高度に上げることになります。「どんな病気になってもＯＫ、本来の健康体に戻ろうとしていることだ」と思いましょう。それには、まず治そうとがんばることをやめることがたいせつです。がんばりつづける限り、病気は定着して慢性化していきます。その蓄積が一番こわいのです。病気になってほんとうにがんばれなくなって、うごけなくなったとたんに、快方に向かうこともあります。

悪い症状を愛しなさいといっているのではありません。こころの目線を、悪いほうにではなく、少しでも回復しているところに向けると、自然治癒力は増加していきます。

病気は、最初は小さな症状で自分へのお知らせでした。それに気づかずに蓄積された結果、大きな症状になってしまいます。軽い肩こりを放っておくと、どんどん悪化して、腰にきて膝にきてというふうになっていきます。その症状が、「どういうこころグセや思いこみから来ているのかな」と考えて、気づくことがたいせつです。

あなたが若い時は、生きていこうとする力がまさっています。元気にがんばっている時は、自分のことを振りかえらず、ストレスの蓄積に気づかなくなっています。「これこそ自分だ」と思いこんでいます。小さなストレスがたまっていきます。やがてストレスの大きさが自分のエネルギーを上回ると、病気になっていきます。そうなる前に、疲れやすい、肌に症状が現れるなど、病気のきざし、お知らせはあるはずです。

元をただせば、あなたが親から「人はこうあるべきだ」「○○さんと比べてあなたは」などと言われつづけたことが、洗脳のようになり、こころの底にしがらみとなっています。比較と評価と不足感。これがほとんどの病気の原因となっています。

病気は気の病です。原因は「生活習慣が三割で、考え方が七割」ともいわれます。肉体そのものを何とかする必要はないのです。あなたにはもともと、二極に振れている意識に気づける力をもっています。自分へのあふれる愛を感じてください。そうしていると、生涯、病気をしないようになっていきます。

あなたがもし「おもしろくない」「調子が悪い」「苦しい」「楽しくないな」と思った時は、あなたの生命体が魂と違う方向を向いているということを感じてください。身体に染みついているエゴの考え方を魂の望む方向に改めていくのです。ほとんどの人が魂の方向を無視して、がんばっています。大事なのは、いったん立ちどまってがんばるのをやめることです。

こうしてこころグセや思いこみがクリアになっていくと、本来の魂が向いている方向がわかってきます。そうするとあなたは、悩みや苦しみから解放されていきます。

「わたしはどうして自然に反することをしたのかな」と、どんどん自分に問いかけていくと、二極のゆらぎが中心のゼロに戻っていきます。がんばりつづけているとマンネリ化してしまっていて、なぜこのようになったのかも、わからなくなっていることが多いのです。

本来の自分を思い出すことです。この世にはもともと病気はないということがわかれば、本来の自分をとり戻すことができます。自分をどんどん表現していくことは愛につながります。本来の楽しいエネルギーをとり戻すことができます。小さなことでいいので、好きで楽しいことを始めてみましょう。あなたが楽しいと思うことが、あなた自身なのです。

5 病気になるのはラッキーなことなのですか?

病気は、あなたがあなたらしく生きていないことの証しです。魂の望みとは違う、偽物を装っている人は、必ずどこかで病気になるようになっています。また、病気というものはエゴや我欲が見える形で肉体に表れたものです。

あなたが、「魂が体験したいことがあるから、この症状があぶり出されている」と、ちょっと思っただけでも、あなたの意識は大きく変わります。

病気になって何かに気づくチャンスができることで、あなたの魂のありたい自分に近づくのです。

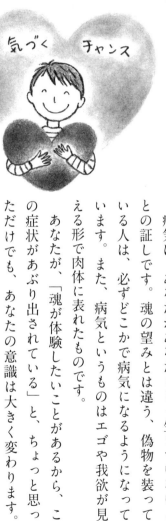

病気になった時は、ほんとうの自分に近づけるチャンスです。

健康で仕事も人間関係もほどほどの状態のまま年を重ねるよりも、人生のある段階で病気をして、自分の魂の声と向きあう機会を得た人のほうが、その後の人生をしあわせにすごせるのかもしれません。

あなたは病気になると「なぜ自分はこんな病気になったのだろう」と、原因を外側の環境などに見つけよう、助けを外側に求めようとしてしまいます。愛はあなたの外側にはありません。あなたが求めなくても、あなたは宇宙からいつも無条件に愛されています。いまそのままで完璧なのです。その大きな愛を受けとり切れないから、病気になるのです。もしいま、その愛を感じられないのなら、その原因は、いつも自分を批判し、ダメ出ししているからです。

「健康も病気もない、良いも悪いもない、いまがＯＫで最高なのだ」と思った瞬間に、あなたはストンと、違う境地にいくことができます。その感覚を手にした時、魂はほんとうによろこんでくれます。魂が「これがわたしなのだ」と言ってくれま

す。魂の望む思いのままに生きることで、あなたはあなたのほんとうの人生を歩むことができます。

わたしはこれまで、「病気をしたからこそ、その境地に来ることができたね」という人を何人も見てきました。

病気というのは、ほんとうに悪いことは一つもありません。病気になった時に、「ああいいものができた。これはわたしに何かを言っているのだな」と思っていると、良い・悪いという二極のつっぱりがはずれます。

あなたはこれからどんなことに出会っても、「いま自分は二極に振れているなあ」と気づいたら、その状況を少し高い位置から見下ろしてみましょう。

身体がいまゆがんでいる人は、とてもラッキーなのです。身体をかわいがってあげてください。「これはわたしがゆがんで生きてきた証しなのだ」と。「きょうからこのできたものを可愛がってあげよう」と思うと、自分にかえっていきます。

もともとの自分にかえると、心身ともに完璧な自分に自然になっていきます。

6 病気をされたことはありますか？

波動リーディングの仕事を始めて半年後、アトピー性皮膚炎を発症しました。わたしの奥深くに潜んでいた毒素が解放されて、表面に出てきている現象でした。なかなか症状が治まることなく、みるみるうちに全身にアトピーが広がっていきました。見かねた家族からはさすがに、「もう病院にいって」と言われつづけました。

しかし、発症してから7カ月後、現代医学のお世話になることなく、完治することができました。

原因はわたしの潜在意識にあった「恐怖」であることは当初からわかっていました。「評価されることの恐怖」が一番大きな比重を占めていました。幼いころから評価社会で育っているので、何とかうまく評価されようと思ってしまうことが恐怖につながっていました。

アトピーの症状が出始めてから、「恐怖」の反対の「勇気・度胸」との二極のバランスをとることに努めていましたが、ますますひどくなる一方でした。「なぜ解消しないのだろう」と思えば思うほど、ますます症状はひどくなりました。やっと気がついたのは、発症から6カ月をすぎたころでした。

「わたしのクライアントさんにアトピーだと知られることの恐怖」だとわかったのです。「灯台下暗《もとくら》し」でした。「もう顔までアトピーがいっぱい出てきたらこの仕事はやめよう。もっと出るなら出てしまえ！」と思ったら、フッと身体が楽になったのをおぼえています。「なるようになれ、どっちでも良い」という世界を感じ得た時に、「知られないようにと何をがんばっているんだろう」という感覚がわいてきたとたん、陰陽が融合し、円錐の頂点から（第1章参照）俯瞰できるようになったのです。何とそれからちょうど1カ月後には、アトピーは跡形ものこらず、きれいになったのでした。

7 お見舞いの時にこころがけることはありますか？

病気の人が「痛い、だるい」などと心身のつらさを訴える人もいらっしゃいます。これはあなたから慰めや同情などを求めている状態であり、依存志向の我欲にすぎません。このような人に共感をするのはＯＫですが、同情ではなく、症状も一つの体験として共感してあげることが大切です。

人は他人をコントロールできません。あなたは、病気の人に何もしてあげることはできません。できることは、愛と感謝のこころを表現する（発信する）こと、それだけです。

病気の人に優しくしてあげようというのは、愛ではありません。「元気にしてあげよう」としていることなので、相手の状態を「いま、元気でない」と認める波動を送っていることになります。

「治りますように」や「病と闘ってがんばれ」と言うのも、病気を悪いものだと認めていることになります。「もともと完璧」なのにいまは単にバランスを崩しているだけということなのです。

自分のいまのありのままをＯＫし、あなたがさらに元気になるための体験として起こっていることであり、感謝しかないよねと相手を包みこんであげてください。そのこころの状態は相手のそのままをＯＫしているので、一番の癒しとなります。そしていまをＯＫすることをうまく話してあげることです。それにはお見舞いに行った人がいまをＯＫしていてすごく楽しいと感じているお話をしてあげることによって、病人に共感してもらうことがベストです。

8　寿命はいつ決まるのですか？

人というものは基本的に寿命でしか亡くならないものです。魂があの世にいこうと思って、自分の意思で去る時が寿命です。「もうこの肉体では、人生のシナリオを描けないな」と思った時点で、魂は去ります。死は一〇〇％必然で、偶然ではありません。魂の判断が寿命です

あなたは、この世から去ってしまうまでに、どれだけ自分でしたいように楽しく生きたかということが問われています。

第9章 水は宇宙の叡智を伝達している

わたしは、波動リーディングとあわせて水の研究も長年、重ねてきました。最近は水の研究が各国の大学などで急速に進んでいます。水が何らかの情報を記憶する性質をもっていることも、量子物理力学の分野で実証されています。すばらしいことです。

わたしたち人間の体内の七〇％は水です。水は生命力そのものです。人間は水によって栄養素をとりこみ、血液や体液やリンパ液を体内に循環させています。水が流れつづけることにより、あなたは健康でイキイキと、幸福感に満ちて活動することができます。

氷（固体）は温めると水（液体）になり、沸騰させると蒸気（気体）になります。

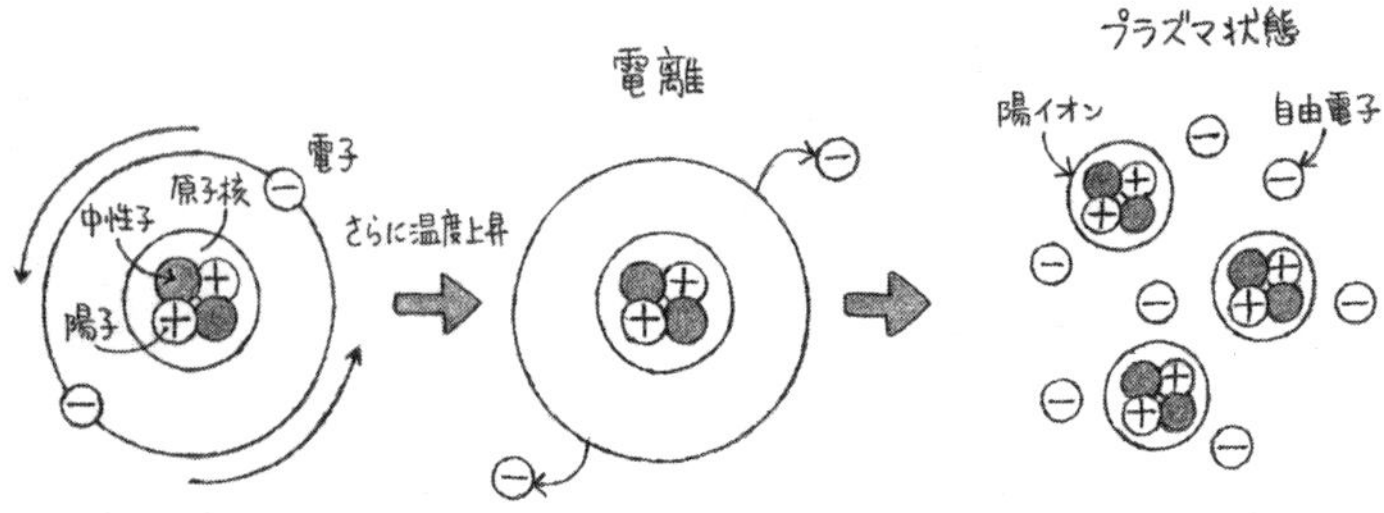

参考出典　（株）ジェイ・サイエンス・ラボ「初心者のためのプラズマ講座」

さらに高温にすると、原子を構成しているプラスの原子核とマイナスの電子がバラバラになり、空中を飛び回ります。水のこの状態をプラズマと呼び、第四状態として存在します。

最先端の科学によって、水の第四状態であるプラズマが宇宙の情報をすべて記憶して、地球へ運んでいくということが明らかにされようとしています。それは、わたしたちの心身を維持管理していく情報や、魂が人生のシナリオを実行する上での知恵などです。水こそがすべての命の源であり、宇宙そのものであり、宇宙の叡智《えいち》なのです。水は液体や気体などどんな状態であっても記憶し、伝達する役割を担っている唯一の存在です。光を放つ、ものを溶かす、新しい物質をつくるなど、多様な力を発揮していく存在であると、科学的にも証明されつつあります。

あなたは思いや願いなどが時間や距離などに関係なく他の人に通じるという、不思議な体験をしたことはありませんか？　その謎を解くカギが、水のプラズマにあります。魂レベルでは世界中の人とつながっていることも、水のプラズマの存在を理解することによって確信がもてることでしょう。

1 「宇宙はプラズマの海」とは、どういうことですか？

太陽をはじめ、宇宙の九九・九九％がプラズマだという研究も発表されています。宇宙中が「プラズマの海」といっても過言ではありません。その宇宙の情報を維持し、更新しているのもすべてプラズマです。そこにはあらゆる情報が記憶されています。このプラズマこそ宇宙の叡智です。意志や意識の伝達もこのプラズマがあってこそ可能になっています。

波動リーディングではこのプラズマにアクセスし、わたしたちの生命体の情報や心身のバランスの情報などを得ています。

また、この地球上のあらゆる物質の情報もプラズマを通して得ています。

プラズマ状態となって自由に飛び交っている陽イオンは、原子核と呼ばれ、陽子と中性子で構成されています。陽子が意志、中性子が意識であるという情報は、足立育朗氏が二〇〇七年に著書『波動の法則』で発表され、大きな話題となりました。

わたしの波動リーディングでは、陽子の意志は意思表示であり、「生きていく」という意志であり、「愛」の表現であり、自らの発信を意味しています。中性子の意識は「生かされている」という「感謝」の表現であり、宇宙や大自然からの受信を意味しています。この原子核こそが宇宙の情報伝達の根源であり、わたしたちと宇宙の受発信装置といっても良いでしょう。

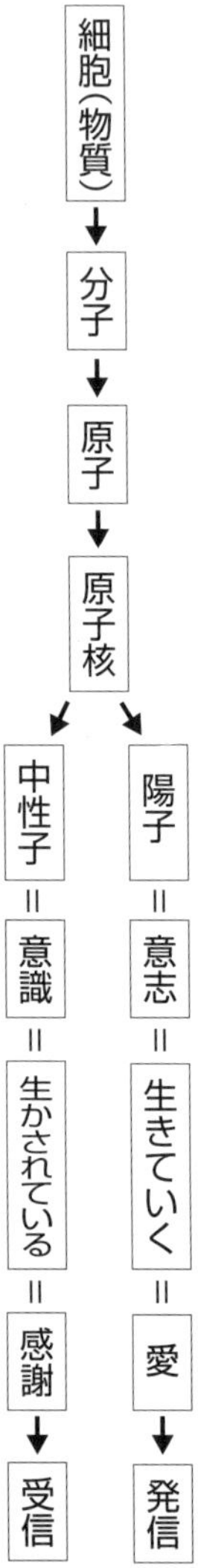

2 あらゆる物質は「愛と感謝」の集合体なのですか？

水だけでなく60兆個の細胞で成りたっているわたしたち人間をはじめ、すべての生物、鉱物などあらゆる物質は、原子の集合体です。陽子と中性子から構成されています。したがってすべての物質が意志と意識をもっていて、波動を備えていることになります。つまり宇宙の叡智を蓄えたプラズマの海は原子核の愛と感謝の共鳴現象によって受発信が繰りかえされ、それぞれに必要な情報が伝達されていることになります。すなわち愛と感謝の大集合体なのです。

物質は原子や分子からできているのか!!
なっとく

3 プラズマ現象として感じられるものはありますか？

「百匹目の猿」の話は有名です。これはイギリスの動物学者ライアル・ワトソンの発見です。ある一匹の猿が海岸で芋を洗って食べると海水の塩分でほどよい味になりました。それを何匹かの猿がまねをしだしました。ところが遠く離れた場所でも、猿が同じ行動を始める現象が見られたのです。これは猿の脳から発信された情報がプラズマ現象によって、ほかの猿の脳に共鳴したからだと考えられています。

また、わたしはエンジニア時代に技術的な問題を解決するために研究開発に励んでいました。世界中の優れたエンジニアとともにしのぎを削っていました。アイデアが浮かぶと実用新案特許といって、そのアイデアがまねをされないように保護される制度があります。実用新案の考案者が、特許庁に出願し、実用新案権設定の登録を受けることにより取得する独占利用権のことです。

おもしろいことに世界中のエンジニアがほとんど同時に、同じアイデアを出願していたことが、あとで判明することが少なくありませんでした。一日違いで実用新案の権利を得られなかったことも経験してきました。この現象もプラズマ現象で説明することができます。

またスポーツの世界では、ある選手が自分の得意技を完成させると、その情報はプラズマによって世界中に発信されます。地球の遠く離れた場所で別の選手が同じ技を得たいという意志を強く発信していると、その情報がもたらされて、その技を簡単に獲得できてしまうことも起こっています。

4 水が宇宙の叡智を伝達しているのですか？

あなたが「こんな情報をほしい」と強く意識すれば、それをキャッチすることができます。あなたは、何かに夢中になって極めようとしている時に、「あっ、そうか」「あっ、こういうことなのか」と納得することがあったと思います。それが宇宙の叡智です。歴史的な偉人が何かの難題にとり組んでいて、とつぜん大きな原理を見つけた時には、すっきりと理解できて深いよろこびや感動に震えることがあったはずです。

こうした現象は、体内の水にすでに記録されていたことです。あなたがこんな情報がほしいと発信すれば、生命体（プラズマ状態のオーラ）に届きます。宇宙へ発信され、それに見あった情報をキャッチし、「ひらめき」が起こります。

体内の水がそのひらめきに反応し、三次元での物質的な実現へと展開されます。

魂はこのよろこびを表現しようといつも待ち構えています。これこそが人間の進化であり、宇宙のさらなる進化へとつながります。

人生とは、いま、瞬間、瞬間のよろこびの連続だけなのです。

5 「愛と感謝」はどんな関係にありますか？

あらゆる物質が原子核から構成されているということは、三次元で物質化している水も愛と感謝のかたまりです。つまり、身体の七〇％が水であるわたしたち人間は、愛と感謝で満たされているということです。

愛とは「生きていく」という意思表示であり、この地球に生まれ、自分を描き切るエネルギーの根源です。自分の人生のシナリオを生まれた環境の中でいかに表現するかが問われています。愛とは、まずは自分への愛です。自分を信じる力です。自分を信じる力が他人を信じる力になります。信じる力がすべてを可能にします。

感謝とは「生かされている」という意識であり、この地球に生まれて、成長を見守ってくれているすべてに感謝するという意味です。

一つは、宇宙の叡智により、わたしを地球へ送り出してくれたことへの感謝です。もう一つは、この地球でわたしを育ててくれている宇宙と大自然と体験をともに分かちあっている人々への感謝です。

愛と感謝は一体なので、愛を深めたので感謝が生まれる、生かされているからこそ愛が生まれるのです。

これらの愛と感謝の意味を常に忘れないことがたいせつです。

6　これからの水の可能性はどのようなものですか？

水の世界には無限の可能性が開けています。体内の水が宇宙の叡智を記憶しているのなら、わたしたちすべての人間は本来、真理を備え、理解しているはずです。

ところが、わたしたちの生命体（こころ）がエゴや我欲にあふれ、体内の水も汚れてしまうことが日常的に起こっています。

完璧な宇宙の叡智の存在を理解することができない時代が、長くつづいてきました。この叡智を熟知し完璧で誕生してきた魂にとって、このような肉体では、自らのシナリオをじゅうぶんに展開することは至難の業です。だから、何回も生まれ変わってチャレンジしているのです。

わたしは波動リーディングによって、すべての人が平等にもちあわせてきた体内の水の完全で無限の情報にアクセスし、そのことに気づくお手伝いをしてまいりました。それはまた、プラズマ状態である生命体のクリーニングでもあり、魂が本来の輝きをとり戻し、自分の人生のシナリオをこの世で描き切るということです。

前述しましたように、現在、水瓶座のエネルギーが地球に流れています。それぞれが水の叡智をうまく引き出し、がんばらなくても、楽々と自立していける時代に入っています。いま、宇宙はあなたに最高のお膳立てをしてくれています。

水の要素でもある愛と感謝によってあなたが変わり、世の中が変わります。自分の意識を高めることによって思い通りになります。

第10章 ゼロアップ体操

「もともと完璧、いま最高！」の本来の自分に戻るために、そう思うだけではなく、身体をうごかすことが大きな効果を発揮します。10年以上の体験に基づいて、もっとも効果が期待できる五つの体操をご紹介しましょう。

この体操をつづけていると、自分がいつも無条件に宇宙から愛されていることを感じるようになります。もともと愛にあふれて生まれてきた自分を思い出していきます。

それは、身体に閉じこめている二つの毒素の解放です。一つは、自我・こころグセや思いこみによってつくり出してしまった毒素。もう一つは、外側から取り入れた毒素（空気汚染、食べ物の化学物質など）からの解放です。

【五つのゼロアップ体操について】

①意識は一貫して丹田または仙骨（背骨の一番下にある大きな逆三角形の形をした骨）に置いて、腹式呼吸することを忘れないこと。

②女性は特に気が上がりやすい（胸式呼吸になりやすい）ので、ご注意ください。

③五つを毎日全部する必要はありません。自分にとってここち良い体操を選んで実践していってください。

④順番も自由です。それぞれの回数もあくまで目標です。

⑤体操をする時間帯や回数は、ご自分のペースを少しずつつかんでいってください。

五つのゼロアップ体操を著者自身が動画で解説しています。

【体操の基本姿勢】
　自然体で背筋を伸ばし、足は肩幅に開き、姿勢良く立つ。前かがみになってお尻を出し、そのままお腹を目いっぱい前に出そうとしながら、前かがみの姿勢を真っすぐになるまで戻すと良い姿勢になります。

1 腕振り体操

宇宙のエネルギーをとりこむのに
いちばん効果のある基本の体操です。

《方法》

① 自然体で背筋を伸ばし、足は肩幅に開き、姿勢良く立つ（※基本姿勢参照）。

②腕をだらんと自由にする。肩甲骨を思い切り引きよせる感じでストレッチをしながらフッと息を抜くと良い。

③両腕を前後に振る。うしろに強めに、前はその反動で戻る感じが良い。意識は、常に丹田または仙骨に置く。

④ 回数は、500 回（約10 分間）を目標に毎日振るとエネルギーが充足される。

⑤夜寝る前と起床後がベスト。

《効果》

①腕を振って足と手が交差する時に瞬間的に宇宙とつながる。

②体内に蓄積している毒素が解放される。

③疲れがとれる（風邪かなあと感じた時も効果的）。血液・リンパ液の流れが活性化する。

④意識レベルが上昇する（エゴから愛への橋渡し）。

⑤気力の充実、記憶力アップ、認知症予防など。

⑥ 自律神経、バランスが安定する。

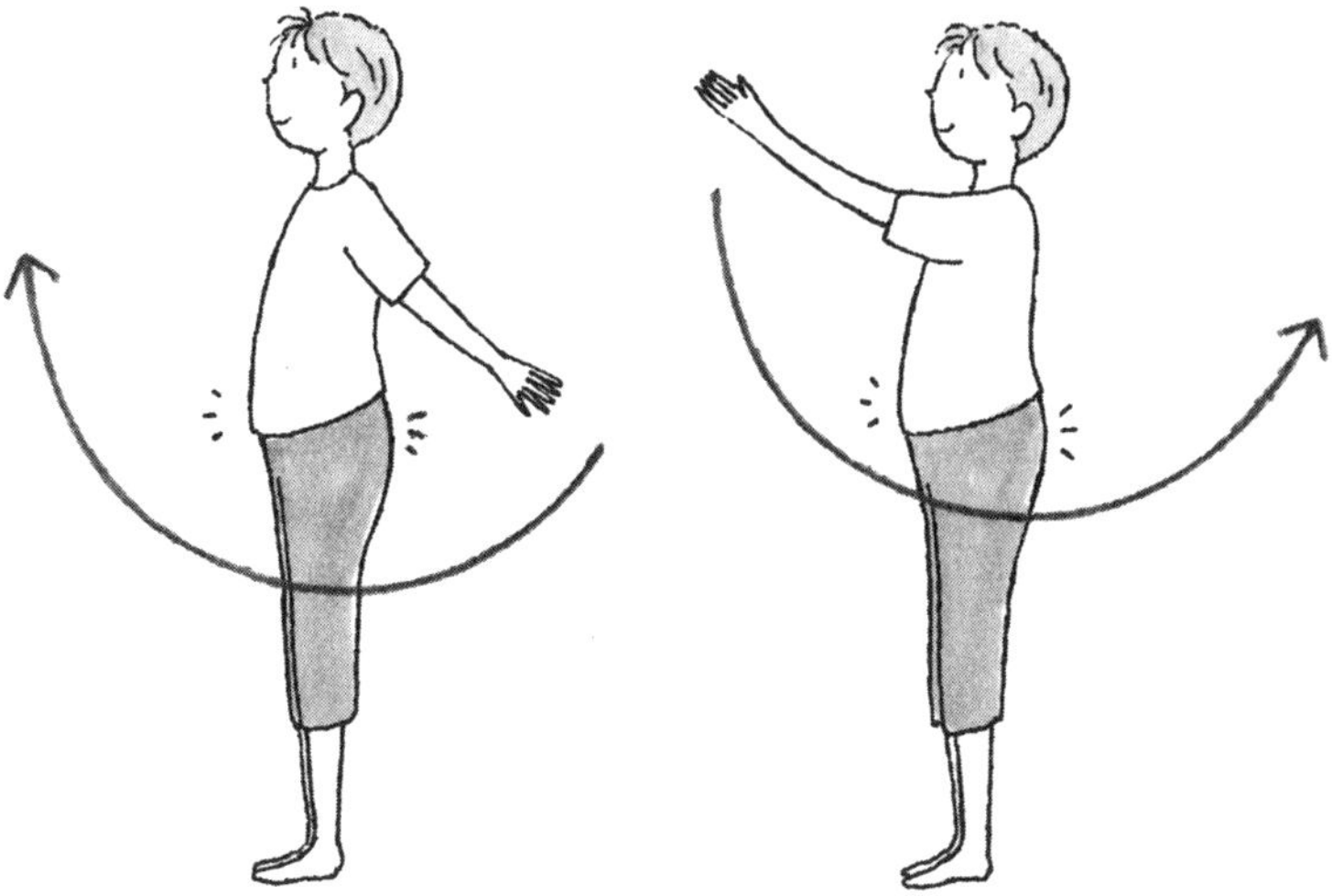

《コメント》

腕振り体操は、通信工学の権威であった、工学博士の故・関英男先生が実践していた健康法です。台湾の蔵広恩《ツァングアンエン》氏から教わった体操をもとに、独自に理論づけされたもので、船井幸雄氏により「両手振り体操」の名前で広く知られるようになりました。

2 くねくね体操

首の詰まりがなくなり、頭がすっきりする体操です。

《方法》

① 自然体で背筋を伸ばし、足は肩幅に開き、姿勢良く立つ（※基本姿勢参照）。

② 頭を固定して、腰を左右にうごかし、左右で「く」の字を書くようにくねくねゆらす。

③ 要注意として、「く」の字になったときに頭が傾かないように、首が真っすぐの姿勢を保つ。

④ 「く」の字を書く時に身体全体をゆさぶってもよい。

⑤ 1日に左右50 回を目安に行う（2分間が目安）。

《効果》

① 脊髄神経、頸椎（首）の活性化により頭へと血流が活性化する。

② 内臓筋が活性化する。

③ 鍛えにくい体幹の筋肉の強化に役立つ。

《コメント》

脳の命令が身体の隅々まで届きやすくなり、つまずきや転倒の予防に効果的です。脳が活性化するのでボケ予防の効果も！

3 腸脳力体操

腸も頭も活性化する体操です。

《方法》

①自然体で背筋を伸ばし、足は肩幅に開き、姿勢良く立つ（※基本姿勢参照）。

②両手を上げて、手のひらを組み、手のひらを上に向ける（両手を上げているのが疲れたら、両手を横に広げたり、下ろして振る動作と交互にしてもよい）。

③その状態で膝を小刻みに曲げ伸ばししながら、腸を上下に振る。200回（10分間が目安）。

④屈伸が終わると両手を上げたまま、体の軸を中心にして腰だけ強く振って左右にねじる。

⑤左右を1回として80〜100回を目標にする（③と④の順序に逆でも良い。1分間が目安）。

《効果》

①消化器系が活性化して、便秘が改善する。

②脳が活性化する。腸が元気になると頭も冴えてくる。

③食べ過ぎたかなあと感じた時などに、とくに有効。

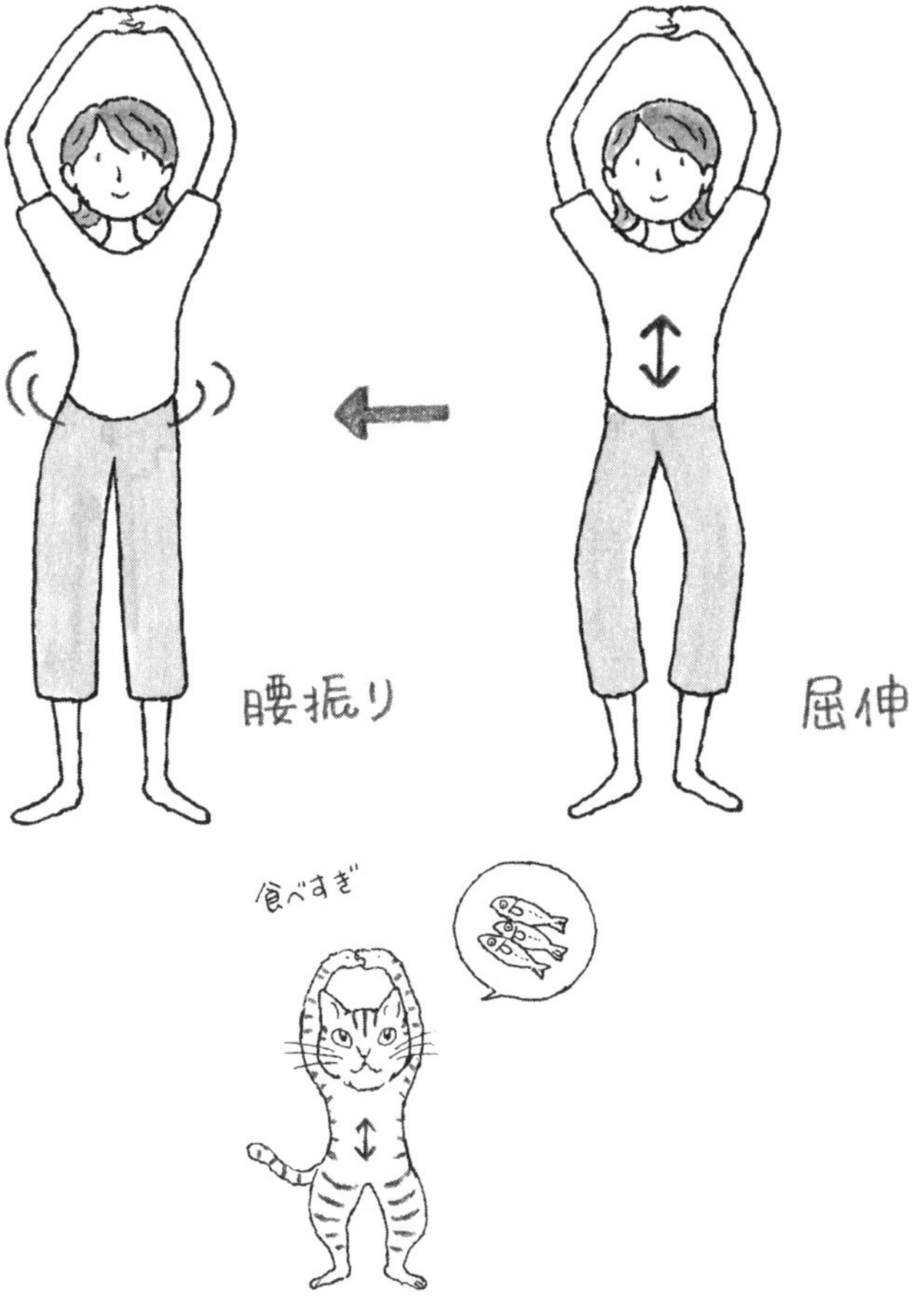

《コメント》
腸内細菌が活性化し、免疫力がアップしていきます。

4 まとい体操（DNA体操）

宇宙とのエネルギー交換ができて、
細胞が活性化し若がえる体操です。

《方法》

①自然体で背筋を伸ばし、足は肩幅に開き、姿勢良く立つ（※基本姿勢参照）。

②腰を左右にねじって、手は、自然に両腕が身体にまとわりつくように振る。火消しのまといのようなイメージで両腕を身体の左右交互に巻きつける（イラストを参照）。

③回数は左右で1回を50回。夜寝る前と起床後がベスト。

《効果》

①体内細胞が活性化する。

②ＤＮＡをクリーニングする。

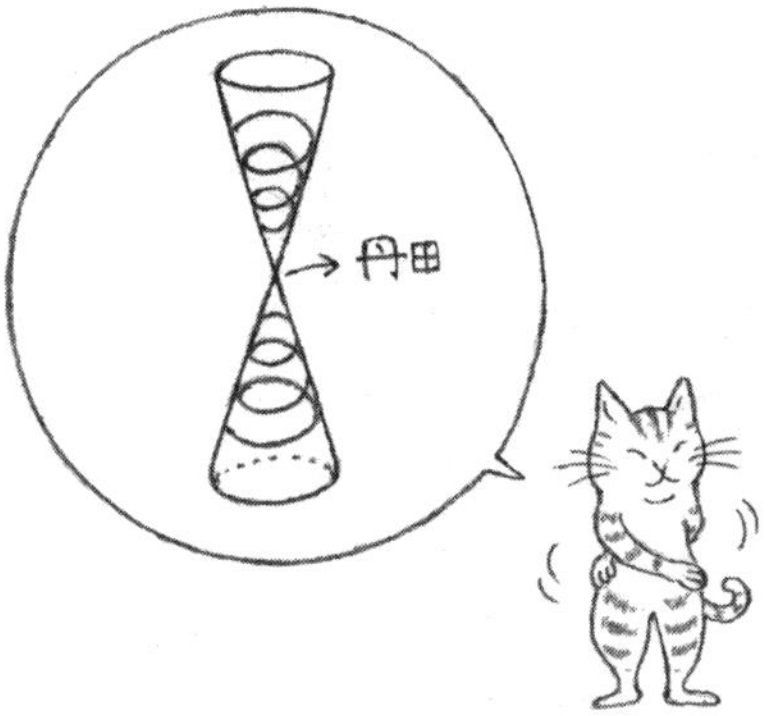

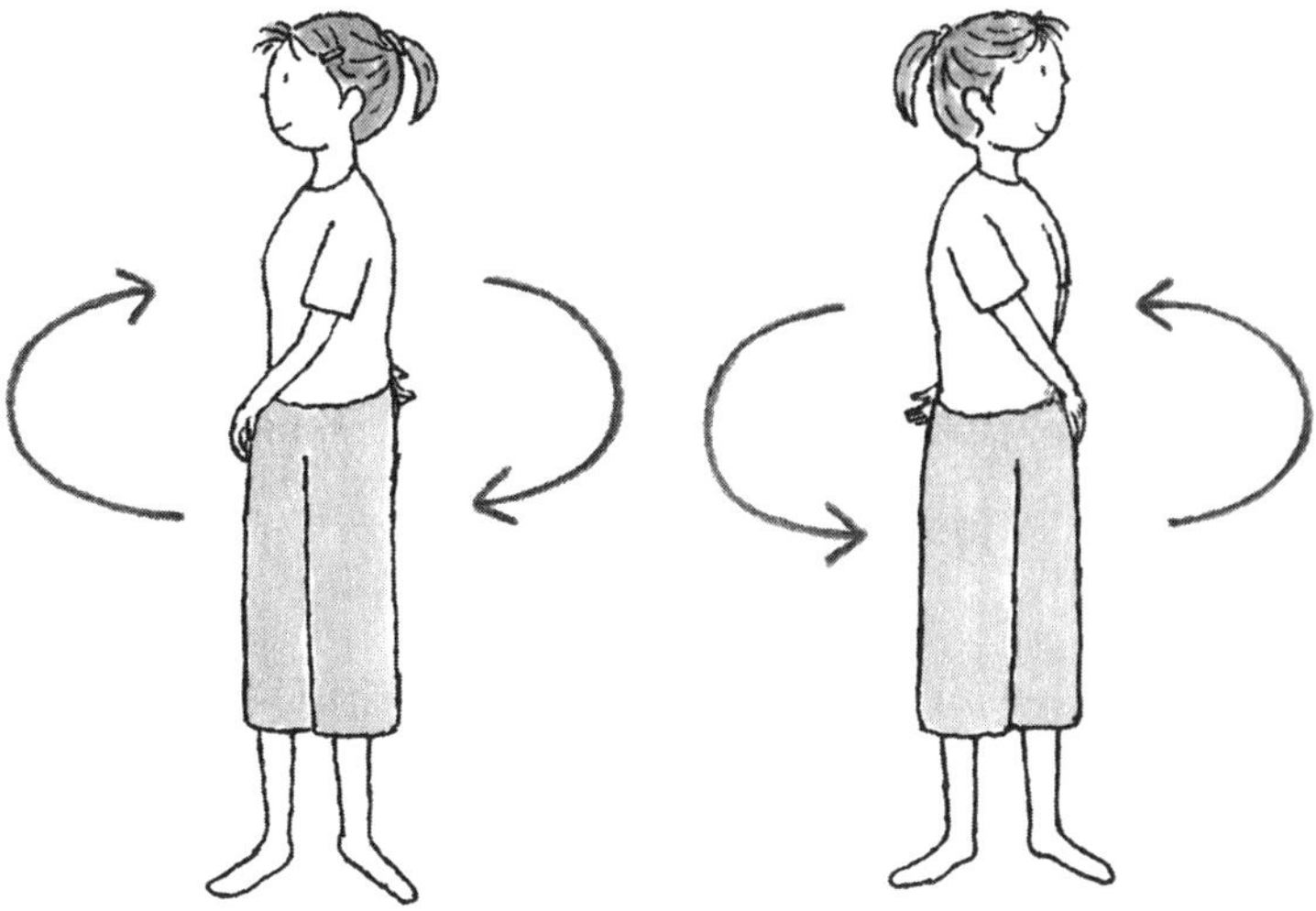

まといは、江戸時代に火災現場で使われた旗印。
手で軸の棒を回転させると、細長い飾りが躍るように巻きついて、消化活動の目印になりました。

《コメント》

　DNA 染色体の螺旋状のイメージをもちながら行うと、一つひとつの細胞が元気になります。左回転で宇宙へ発信、右回転で宇宙からの情報を受信するイメージ。二つの円錐形の頂点を上下対象にあわせたイメージで、そのゼロ点の重心を丹田・仙骨に置きます。

5 無限体操

「そう思うとそうなる」を実現する体操です。

《方法》

①自然体で背筋を伸ばし、足は肩幅に開き、姿勢良く立つ（※基本姿勢参照）。

②両腕を前に伸ばし、手のひらを組み、手のひらを外側に向ける。

③そのまま手のひらで、できる限り大きく∞の字を真横に書く。

④腕をそのまま上に上げ、宇宙に向かって大きく∞の字を書く。

⑤手を下ろし自然体に戻す。その状態のまま、腰を前後左右に大きく張り出すようにうごかす。腰で地面に大きな∞の字を書くように。

⑥回数は、それぞれ20回を目安に行う（合計で2分間が目安）。

《効果》

①もともと完璧であり、もちあわせてきた無限の能力に気づく。

②どんなすばらしい現実も、自らの力で生み出していけると確信できる。

③絶対的な安心感、やすらぎがもたらされる。

《コメント》

∞の字を書きながら、無限の可能性を確信して、ありたい姿、なりたい姿、叶えたい目標を、宇宙に向かって思いを広げることをイメージしましょう。あなたの想像力には限界がありません。思い通りに実現していくので、魂がよろこんでいるのを実感することができます。

エピローグ

主な潜在意識・八つの感情

あなたは、人生を楽しむために生まれてきました。それなのに、なぜか思い通りではなく満足な現実が生み出せていないこともあります。

潜在意識の中にある親やその先祖からバトンタッチしているこころグセや思いこみが、障害になっています。これらにともなって思い出してしまった魂の過去世の体験の記憶も、原因になっています。また、わたしたちが誕生からきょうまで重ねてきた幾多の体験による感情も、満足感や充足感のさまたげになっています。

感情には、ネガティブなものとポジティブなものがあります。わたしたちは、ポジティブに生きることが楽しくてすばらしい人生になると、考えてしまいます。ネガティブな感情は、悪い自分であり、「何とか良い自分になろう」と思ってしまいます。その思い自体がストレスになります。

ほとんどの人はこの世の二極に惑わされています。そのためほとんどのポジティブな感情は、その逆のネガティブな感情に裏打ちされて表現されたポジティブなのです。このネガティブとポジティブの感情が揺れうごき、いつも「何とかしないといけない」と緊張していることがストレスとなり、楽しいはずの人生の障害になっています

でも人は、喜怒哀楽があるのが自然であり、人に評価される筋あいのものでもありません。この喜怒哀楽によるエゴ的体験を重ねて、たとえ、けんかや言いあらそいになったとしても、良い・悪いや勝ち・負けではなく、お互いを尊重しあう方向へ進むことが、あなたの意識の進化です。また、「いまのありのままで良いのだ」「どっちに振れても自分だ」と認識して、ＯＫしていくことが、愛なのです。その体験こそが魂の真の楽しさであり、よろこびとなります。

エピローグでは、代表的な八つの感情コードについて、その概要を解説いたします。これらの感情は、とくに二極に分かれやすく、多くの人がそれを自分の性格だと勘違いしています。

波動リーディングでは、この感情を潜在意識として経験的に36項目に分類し、あなたのいまを最も支配している意識を引き出していきます。

エピローグでは、代表的な八つの感情コードについて、その概要を解説いたします。

《八つの感情コード》

1 無気力 ←→ 感動
2 絶望 ←→ 個性
3 うらみ ←→ 感謝
4 恐怖 ←→ 勇気・大胆
5 抑圧 ←→ 有能な
6 気苦労 ←→ 心配り
7 心配・不安 ←→ 勇敢
8 罪悪感 ←→ 対等感

ゼロポイントにいる体験とは、

1　いまより良い自分になろうとしていないことであり、

2　いま、ありのままの自分をこころの底から楽しんでいることであり、

3　どの瞬間も、「いま最高!」と感じられていることです。

もう少し簡単な表現にすると、

1　いまの自分をOKしているか（愛にあふれているか）

2　したいことしているか

3　こころの底から楽しんでいるか

以上のことをいつも感じて行動していると、限りなくゼロポイントに近づいていきます。そこに真の楽しさがあります。こころの底から、よろこびがあふれていきます。

【無気力↔感動】

無気力な人生を送ろうと思って生まれてくる人は、一人もいません。意気揚々と愛にあふれて生まれてきています。感じたことにこころがうごき、そのこころに素直に身体がうごく……人に感動とよろこびを与える存在になろうとあらかじめ決めて生まれてきました。

ところが、生まれて間もないころから親に自分の行動を制限され、やりたいことにダメ出しをされます。何の抵抗もできない自分は親に従うしかありません。何もしないことが一番安心でこころが穏やかだと思いこみ、徐々にやる気をなくしていきます。それでも、人によろこびをもたらし、自らも感動的な人生を楽しもうとする、魂の強い気持ちが消えることはありません。

その現実と魂の思いのギャップは、いつも強制的にダメ出しをする親への抵抗感に変わります。無気力になるたびにエネルギーが蓄積され、まるで火山のマグマがたまって爆発するように、時々切れて怒鳴るようになります。

いじめにあって無気力になった子どもは、逆に他人をいじめるようなことにもなっていきます。

ためこんだ無気力を、他人のせいだと思っていると、さらにふくれ上がってきます。魂は常に無気力な状態から解き放たれたいと思っています。幼少期は、親に言われるままであったけれど、知恵と体力がついてくると、親への反抗心が暴言や暴力として表現されます。いわゆる反抗期です。

親を見かえしたい気持ちで、勉強や部活をがんばって一番になり、評価されることで、感動して無気力状態を解放することになります。

社会人になり、出世欲や名誉欲の強い人も無気力に裏打ちされた表現の一つです。家庭で起こるＤＶなども同様に、大きくふくれ上がった無気力を解放しようとしている行動です。

日常では味わえない感動を求めている時、ワクワクしたいと思っている時も、裏側に無気力がひそんでいて、同じだけネガティブ感情も増大しています。無気力になったのは、親のせいだと思っているので、ムカッときたときは必ず人のせいにしてしまいます。何かにつけて愚痴、悪口、文句を言い、切れてしまうのは、無気力な自分の裏がえしです。

でも起こっている現象は、すべて自分の内側が現象化しているだけなのです。

「ああ、これも自分か」と思うとゼロに戻っていきます。「すべては自分が発信した思いの結果である」と気づけるとＯＫです。起こることのすべては自分の感情に原因があることに気づきましょう。目の前のすべての現象を、ひとまず感情を押さえ、受けいれてください。そのうえで自分の表現方法などを変えて、さらに自分の思いを伝えていきましょう。

【絶望⟷個性】

人はだれでも、その人生で経験したいことや楽しみたいことを、あらかじめ決めて生まれてきています。しかし、自分らしさ（個性）をどうしても発揮できなくて、絶望感を味わう出来事に何度も出会うと、それがこころグセとなってしまいます。

「死にたい」とまでは思わないとしても、「自分はダメだなあ」と責めたり、自分を低く評価したりして、自分を裁いたことはありませんか？

生まれた時に絶望の意識を持ってきている赤ちゃんはいません。絶望感は生まれて間もなく、両親との関係性で感じとってしまった意識です。その体験を自分の内側に閉じこめているのです。「こうしたらいけない」「こうしないといけない」とずっと言われつづけて、知らないうちにがんばる人生となり、自分のほんとうの気持ちと違う方向に行ってしまいます。

でも、両親のせいにしていては、解決することはできません。

人一倍強い個性をもちあわせて生まれてきたあなたは、人から一歩秀《ひい》でよう、目立とうとするたびに、否定され、こころがへし折られることを繰りかえしてきました。親の価値観から見て常識からはずれていることはすべてダメ出しされてきました。世間体を気にする親の元では、なかなか個性を発揮することができません。

いつのまにかダメ出しのエネルギーが蓄積され、絶望の領域に入ってしまっています。こんなにも個性を発揮できないのなら、生きている意味がないと思えるくらい落ちこんでしまいます。自殺願望の人はこの絶望の究極状態です。

また、絶望意識の根底の原因としては、「良いか悪いか」という判断をしていることがあげられます。この世の中は体験するためにしか生まれてきていないのです。「良いも悪いもないんだ」「すべて体験しているだけなのだ」と思うと気持ちが楽になります。「自分はいつも比較していたのだ」「いつも自分を裁いていたな」とわかると良いですね。「そうだ！　自分で勝手にやっていたのだ」とわかると、フッと軽くなります。親との関係性でがんじがらめの状態から抜け出せます。

どの瞬間も最高です。いまの、ありのままのあなたが最高なのです。

絶望の根源は、結果に対して「良い・悪い」で評価し、いつも自分にダメ出しをしてしまうことです。でもほんとうは「良い・悪い」はありません。

どんなことが起ころうとも、あなたにとってベストのことしか起こっていません。いま、そのままのあなたを愛してあげてください。

いまのあなたが改めないといけないことなどありません。いま、このままで完璧だと気づいたとき、自分が自分になり、のびのびと個性を発揮し始めます。

魂はこの地球に遊びに来たのです。生まれた時から自由だということを思い出してください。親の価値観から飛び出すという感覚がたいせつです。自分を愛そうと思い、自分を認めると、個性あふれるあなたへと変身していきます。

【うらみ←→感謝】

うらみのストレスには二つの種類があります。一つは、無意識のうちに人をにくんだり、うらんだりしてしまうストレスです。もう一つは逆に、自分が知らないうちに人からにくまれたり、うらまれたりしていて、自分の思い通りにものごとが進んでいかないストレスです。

人は、うらみごころをもって生まれてくることはありません。生まれたあとで、自分のほしいものを自由に与えてくれない親に対する不信感が、ものやお金に執着してしまうストレスになっていきます。このストレスがうらみやにくしみの根源であり、先祖代々つづくこともあります。

自分の自由を許してくれない親に対する不信感から発展して、にくしみやうらみのストレスになっていきます。それは、親の価値観と態度に対する反抗であり、自らの意思が強いほどストレスも強くなっていきます。

良い子になってほしいと思う親心とのすれ違いから、子どもなりの思いこみとなって、誰もが大なり小なり、こころに閉じこめている意識です。

ほんとうの自分は、生んでくれた親に感謝しています。大いなる存在に生かされていることも知っています。しかし、執着から来るにくしみやうらみのストレスが、親や大いなる存在への感謝の気持ちの邪魔をしてしまっています。

基本的には、人のせいにしない、すべての原因は自分にあると気づくことで、クリアすることができます。この世に「人のせい」という現象は一〇〇%ありません。

うらみの意識をいだきながら交通事故の後始末をしていて、なかなかむち打ちが治らない人がいました。事故はなぜ起きたのか……相手はその事故という現象にかかわっただけ。原因はすべて、自分から発信したうらみの波動にあったのだと気づいたとたんに、首のうしろあたりからすっと痛みが消えて元気になりました。どう気づくのかが問われているのですね。

どんなことが起こっても自己責任だと感じて、「このくらいで済んで良かった、これも宇宙のとりはからいだなあ」と宇宙に生かされていることを感謝に変えることです。

うらみの裏がえしは感謝です。うらまれる人はすごく感謝をされる人である場合も多いのです。AのグループではうらまれてABいことを言われるけれど、Bのグループでは感謝されていることがあります。

自分は大いなる力に守られ、生かされていることを常に忘れないことが大切です。

【恐怖⟷勇気・大胆】

わたしたちの日々の生活や仕事における行動が、恐怖から来ていることが多くあります。「食べないといけない」と思っているのは「食べないと死んでしまう」という恐怖から、「仕事をしないといけない」のは「お金がなかったら生活ができない」という恐怖からです。

恐怖感は、未来への不安や人からの評価に対して、「いまを何とかしないといけない」と感じている意識です。どちらかというと称賛にあたいする行動と見られがちです。しかしじつは、ストレスがたまる一方なのです。

魂がいちばん望んでいるのは、「したいからしている」状態です。魂は、この人生でしたいことを計画して生まれてきたのです。そのことを忘れてしまって、「しないといけないからしている」状態は、魂が本来望んでいる自分を生きていないということです。

「しないといけない」という意識は、恐怖に裏打ちされた行動がほとんどです。この世の現実はまだまだ競争社会です。親や人に評価されてこそ自分だと感じていることから生まれています。自分なりに理想を掲げ、がんばる人生を演出していきます。いまの自分ではなく、もっとすごい自分にならなくてはと、がんばります。評価されない恐怖は、いまのままでは済ますことができず、もっと大きなもっとすごい、大胆で勇気ある行動に出て、理想の自分を目指してがんばることになります。これはすべて幻想です。恐怖に裏打ちされた大きな自分は本物の自分ではありません。一時的な満足であり、ほんとうの幸せはやってきません。

闘争心あふれる行動や人を追いこし、追いぬこうとする意識も裏側にはいつも恐怖があり、恐怖も同じだけふくれ上がっています。さらにその上を目指さなければなりません。

お金やものをもたないことを恐れ、もてば失うことを恐れます。

恐怖感でうごいているうちは、わたしたちの魂は進化しません。楽しむことを忘れています。いったんすべてをやめてみると、ほんとうにしたいことがわかります。自分が、いま、まずしたいと思うこと、好きなことを、ほんの小さなことでもいいので、とにかく始めてみる。「ほんとうにしたいことをしているね」という状態を、すこしずつ増やしていくといいのです。

【抑圧↔有能な】

抑圧とは、何となく思いが自由に通らないと感じるプレッシャーです。抑えられたプレッシャーを背負いこむとストレスになります。

生まれて初めて出会うのが親からの期待感というプレッシャーです。親からの期待、先生からの期待……「こんな子どもになってほしい」など、進むべき道を親が先に決めてレールを敷いてしまう。レールに乗ってないと叱ったり、イヤな顔をしたりする親を見て、敏感に親の希望を感じとり、親がよろこぶ自分になろうとすることによって、こころのバランスをとっていく感覚が、こころグセや思いこみとなってしまいます。「親は自分を一番わかってくれるもの」と信じて生まれてきた子どもにとっては、ごく自然の行動です。

だれかのためにではなくて、自分が楽しむこと。本来は自分が楽しむために生きているはずなのに、ほかの人の期待にこたえるために行動するということが起こっています。たとえ苦しいことであっても、人の期待をはずしてはいけないと思ってがんばって行動する。そうしていると三次元的には実力がつきます。

「期待を背負わない人生」というのをなかなか感覚的につかめてない人が多いのです。抑圧の反対側は有能です。人からもてはやされる実力者でもあります。バランスをとっている自分がほんとうの自分と違うことに気づかないで背負いつづけ、苦しみながらもがんばりつづけることになります。重荷を背負っているので腰痛や肩こりの原因になっていることが多いです。

人のイヤな顔を見るのがイヤ。引き受けることがあたりまえになってしまって、ノーが言えない人になっています。

どうすれば良いか。それは自分の背負っている荷物を全部降ろして、ゼロになるということです。一気に降ろすことは難しいので、ちょっとずつ降ろしていきます。そうすると初めて、自分の一歩を踏み出すことができます。だれかのためにではなくて、自分が楽しむことが人生の本来の姿です。「自分が楽にできるな」という生き方が、意外にも人のためになっているものなのです。ほんとうにしたいこと、楽々とできることをすると、自分が輝きます。自分が輝いたぶんだけ、まわりの人にもすごくいい気持ちをもたらすことにつながります。

自分が楽しむことへの切りかえは、頭で考えると難しいようですが、楽しんでいるうちに自然の流れでできるようになります。

【気苦労↔気配り】

同じことをしてもよろこばれる時とよろこばれない時があります。そんな経験されたことはありませんか。その場の空気が読めないからということもありますが、もっと大きな要因は、その行動について、まず自分の魂がよろこび、満足しているかどうかということです。そうでないとその行動が「おせっかい」や「ありがた迷惑」になってしまいます。人がよろこんでくれるなら、自分がつらくても苦しくてもやってあげようとすることは、「気苦労」というネガティブ感情をもちあわせているからこそしていることなのです。

気苦労とは、根っからの苦労性でちょっとしたことまで心配して気に病んで苦労するという、精神的苦痛を常に抱えています。でもそれを苦痛だと感じてない場合が多く、それが本来の自分だとさえ感じています。この気苦労に裏打ちされた行動が気配りであり、人のよろこぶことや感謝されることでバランスをとっています。

人のよろこびを自分のよろこびとするというのは、思いこみです。立派な行動に見えますが、人のよろこびで自分のよろこびを補充しているという、幻想にすぎません。魂は満足していません。人のよろこびを充足していますが、気苦労も同じだけ増幅しています。

ボランティア精神も良く似たところがあります。ボランティアをする一人ひとりが、それによってその行動の中に人のよろこびではなく自分のよろこびを感じるのが、自然のありようです。

人によろこびをもたらすということは、まず自分が充足しているということであり、魂のよろこびを表現することです。ほんとうの気配りは「おもてなし」にも通じるところであります。表も裏もなく、ありのままの自分を表現することが最高の気配りであり、愛の表現です。

感謝の気持ちで、相手の役に立ってよろこばれることを願って、せずにはいられなくて、思わずしてしまうのが、ほんとうの気配りです。そこに苦労はありません。自分の魂がよろこびながら人によろこびをもたらそうとして発信（行動）すると、受信した人の魂がそれに共鳴して「ありがとう」と感じてくださるというイメージです。

気苦労のもう一つの側面として、「人の顔色をうかがうクセ」があります。人がどう思っているのかがいつも気になり、いち早くキャッチする能力でもあります。良く気がつく人と思われたい願望が裏側にあります。ちょっとした言葉に傷ついた体験を秘めています。いつも傷つかないように前もって人のこころを読むクセがついています。

傷つきそうになると、「もう少しやさしくしてくれたっていいじゃないの」とか、「このくらいしてくれてあたりまえ」という感情がわいてきて、あなたのこころを傷つけてきました。いつのまにか自分を表現できず、人も愛せない自分になっていることに気づきましょう。

【心配・不安↔勇敢】

先のことを考えてあれやこれやと心配して、勝手に不安をつのらせて、ますます不安になってしまうこころグセや思いこみです。いま・ここに意識がなく、未来に飛んでいってています。同時に過去にも意識が飛んでおり、過去の経験から未来を予測しています。しかも過去の思わしくない体験を引っぱり出して未来を見ているために、さらに心配事が増幅してしまうストレスです。

心配・不安のストレスは、幼いころからずっとかかえている人が多くて、心配の連鎖が家族の中で起こったりもします。心配してあげることが良いことだとさえ思われています。

心配すると心配するエネルギーが相手に飛んでいき、発信したことが実現してしまいます。悪くなったらどうしようと心配することはあっても、幸せになったらどうしようと心配することはありませんね。「良い・悪い」を分ける発想が根本の原因になっています。

心配しないようにするには？　わたしたち人間は、いま・ここを体験して楽しむためにしか生まれてきていません。「とにかく何が起こってもOK！」という感じることがいちばん大事です。良いも悪いもありません。

ともすると自分のことだけではなく、人のことまで心配してしまいます。そんなとき、魂はその相手に移ってしまい、自分はフヌケになっています。その不安を何とかしなければいけないと考え、その対策のために駆けずり回って、人よりも何倍もがんばることがあたりまえの人生になっています。心配・不安に裏打ちされたこの行動は、こころのバランスをとろうとしているのです。その努力によって実力がつき、社会的に認められることも多いのですが、不安は閉じこめたまま解放されず、ストレスはさらに増幅していきます。

無限の能力と可能性を信じるというのは、心配とは対極の勇敢なこころのありようです。子どものことを、信じてあげれば心配することは一つもありません。ただ、自分を信じていないと、人を信じることはできません。人の心配をする前に自分の無限の能力と可能性を信じることがたいせつです。

「いま・ここにいて、ほんとうに最高だ！」と思えれば、次に進むための情報は勝手に向こうからやってくるのです。これが魂の進化です。「さらに、もっと、がんばれ」では、しんどくなるだけです。いまを安心していると、安心が安心を呼んで、「自分には良いことしか起こらない」と実感できるようになります。

【罪悪感↔対等感】

罪悪感というのは、鳥かごの中で長く育った小鳥が、鳥かごの扉を開けても外に出ようとしないのと似た感覚です。自分で決めたり、感じとったりしたルールを自分に許された範囲だと思いこんで、そこから抜けたら悪いと信じています。

「まわりの人から言われたから、そうしているのだ」とか、「このようにしないといけないのよ」などと言っています。しかしじつは、ぜんぶ自分で決めていて「そうしなければいけない」と思いこんで、自分で自分の手足をしばって、自由にうごけなくなっています。

しかし裏をかえせば、「そうしないといけない」と感じたことは、みんながしていることです。現実には、「ルールはきちんと守らないといけないですよ」という正義感です。「みんな一緒」という対等感の強い人でもあります。

一日のうちのほとんどが、「しないといけないこと」ばっかりになっていませんか。「しないといけない」と思ったら、いったんそれを思い切ってやめてみる。そうすると意外と、まわりの人にゆるしてもらえたりもします。自分で決めているのですから、自分ではずせるのです。「とにかくそれをしたい」ということを自ら決めてみるとよいのです。

思いこみが強い人ほど、逆に「決められたことは絶対に守らないといけない」という正義感あふれる人でもあります。

人はみんな、「この世に生まれたらこんなことをしよう」とあらかじめ決めて生まれてきます。ところが誕生後、家庭や社会のしばりに出会い、「こうしないといけない」「ああしないといけない」と言われつづけ、自分のしたいことをすっかりと忘れる人生になってしまっています。社会のしばりやルールに対して、世間体、正義感などとバランスをとりながら、外側とうまくやることに気を奪われてきました。

あなたはもっともっと自由でいいのです。しばりやルールは人間がつくったもので絶対なものではありません。自分で変えられないものだと思いこんでいることも多いものです。そんなしばりをはずし、飛び立って、したいことを大いにしてください。

もっともっと自由で良いのです。常識というルールにとらわれた行動ではなく、いま、ほんとうにしたいことをしていいのです。

健康のための食べ物制限についても、専門家に「食べてはいけない」と言われたから制限するのではなく、「自分がそうしたいかしたくないのか」で決めていってください。「そうしないといけない」というしばりから、自分を解き放つことです。

おわりに

わたしは二十数年間、波動リーディングを通じて、カギは「もともと完璧、いま最高！」を確信しながら宇宙の叡智にアクセスしてきました。

本書にわたしが書いた内容は、あなたにとって初めて知る、驚きの連続であったことでしょう。しかしじつは、あなたの魂はこの内容のすべてを、生まれる前から知っていたのです。

わたしたち人類は、神さまの分身です。あなたの魂は、神さまの光そのものです。あなたは、愛にあふれて生まれてきました。あなたの魂は、自らが愛と感謝を深めることで、この世界と地球をより豊かで楽しい場へと進化させられることを知っています。愛と感謝は、わたしたちが地球に生まれ、いろいろな体験を繰りかえす中で、大きくふくらましていく最終目標でもあります。

ところが人類は、神の分身としての自覚を忘れて他人と争い、奪いあう、破壊の世界をつくり出してしまいました。この三次元の世界、特に現在の社会情勢を見渡すと、わたしたちがもっていた愛がどんどん減少する方向に流れています。エゴや我欲に満ちた生活が、現在の混乱した社会をつくり出しました。

愛を忘れてしまったかのような状況です。多くの人たちは、愛を見失うと同時に、感謝のこころも見失った人生を歩んでいます。人生のシナリオなどすっかり忘れ、欲望のままに生きて苦しい一生を終え、人生のシナリオを完成できないまま、転生を繰りかえすことになります。

あなたは、いかに混乱した世界においても、ご自身の魂の存在と望みを忘れてはなりません。

あなたの使命は、魂の光の輝きを表現することで愛をふくらますことです。人間としての大きな役割です。お互い一人ひとりが愛にあふれ、それぞれの愛が融けあって、さらに大きくなっていくのです。

先祖からつながってこの世に生まれることができたという愛に気づいて、お互いが感謝しあい、大自然や宇宙からの無条件の愛にも感謝していくことが、魂の大きな進化へとつながっていきます。

肉体の五感だけを頼りにしては、陰と陽の二極の世界から脱出することはできません。エゴとエゴのぶつかりあいから、魂を中心とした愛と感謝の世界へと目覚めることです。他人軸から自分軸への転換です。

人生は楽しむためにあります。あなたはこの人生を楽しむために生まれてきたのです。毎日の三次元の二極の体験から楽しみを発見し、愛を学び、宇宙からやってきた魂をさらに進化させ、あなたの役割を果していきましょう。

愛はあなたの中にあります。愛にあふれるとは、自分を愛する力の大きさを、どんどん大きくすることであり、それは自分を信じる力でもあります。魂が「したい、好きだ」と感じることを信じていくことです。

ものごとの判断をする時には、静かな場所で一人になって、あなたの魂にこう尋ねてみてください。

「好きで楽しんでいるか？　それを楽々とできているか？」

進む方向の選択に迷った時は、楽なほう、楽しいほうを選んでください。その方向は間違いなく、あなたの魂が歓喜する道へとつながります。そこには、よろこびとしあわせ感に満たされたあなたがいます。魂は無限に進化していくことができます。あなたの魂の進化は、地球全体の進化に対する最高の貢献となることでしょう。わたしは波動リーディングで、その人が宇宙の法則に沿って生きることができているか、宇宙と調和して心身ともにバランスしているかどうかを見ています。あなたの魂がもともと描いてきた人生のシナリオを、この世で実現させ、ありたい人生、なりたい人生を完成させていきましょう。

本書を手にしてここまで読んでいただき、ありがとうございます。いつの日か笑顔のあなたとお目にかかれることをこころより願っております。どうぞお健やかにあなたの人生を楽しんでください。

井上　悟（いのうえ・さとる）
株式会社ヘルスアート代表取締役
波動リーディングオペレーター＆カウンセラー

1947年10月20日、京都市生まれ
1971年、大阪工業大学機械科を卒業後、エンジニアとして自動車部品メーカーに就職。研究開発部門で約26年間、おもに自動車のハンドル・パワーステアリングの設計開発に従事。フランスでの勤務を経て退社し、2000年3月に個人事業でヘルスアートを設立。

「人はどうして病気になるのか」をテーマに人間研究をスタート。2000年、株式会社ヘルスアートを設立（現在、社員4名）。

こんにちまで波動リーディングと水の研究をつづけ、23年間に延べ7万人以上のリーディングを行う。

人は光の存在であることを確信し、本来の自分をとり戻すリーディング手法を確立。その成果としてパーソナルゼロウォーターとミラクルゼロウォーターを完成させる。人々が元気に、生涯を健康でイキイキと楽しく生きていくための波動情報を提供している。

本書は初めての著書。

株式会社ヘルスアート
・公式サイトURL:https://hado.jp

・ヘルスアート公式Line

イラスト制作
國栖　晶子（くにす・あきこ）
絵本作家・イラストレーター
京都市生まれ。京都精華大学デザイン科卒業。
日常の中でふと感じることを絵と言葉で紡いでいる。
著書は『どこまでもいっしょ』（文溪堂）『きっときっとだいじょうぶ』（青心社）等。
最新作は、絵で読む小説『ひらめさんのお店』に次ぐ『ひらめさんとなかまたち』（クラインヴィッセン）。『呼吸 こころの平和への旅』（プレム・ラワット。文屋）のイラストを担当。

書名　楽《たの》しむために生《う》まれてきた
カギは「もともと完璧《かんぺき》、いま最高《さいこう》！」
初版第1刷発行　2023年（令和5年）3月13日

著者　井上《いのうえ》　悟《さとる》

発行　文屋　代表　木下　豊
〒381-0204　長野県上高井郡小布施町飯田45
TEL: 026-242-6512　FAX: 026-242-6513
http://www.e-denen.net/E-mail:bunya@e-denen.net

発売　サンクチュアリ出版
〒113-0023　東京都文京区向丘 2-14-9
TEL: 03-5834-2507　FAX: 03-5834-2508
http://www.sanctuarybooks.jp

編集・構成　猪原　皆子
イラスト制作　國栖　晶子
装丁・組版　奥田　亮（燕游舎）